MICHEL DRAC

VOIR MACRON

8 SCÉNARIOS POUR UN QUINQUENNAT

LE RETOUR AUX SOURCES

s.a.r.l Scribedit
33, avenue Philippe Auguste
75011 Paris - France
www.leretourauxsources.com

Création graphique et mise en pages : Véronique Vagneur
Couverture : Manu DeLille

ISBN : 978-2-35512-082-4
17 € - prix valable en France

Aux fainéants, aux cyniques,
aux extrêmes.

Pourquoi ce livre ?

Mai 2017, Macron Président.

Une refondation ? Non, un moment dans la décomposition.

Une surprise ? Pas davantage. On attendait Marine Le Pen au second tour de la Présidentielle. On se doutait qu'elle ne gagnerait pas. Macron, c'était une possibilité.

Dès 2015, Attali et Minc chantent les mérites de l'inspecteur des finances, ancien de la maison Rothschild. Tellement gendre idéal qu'il a symboliquement épousé sa mère. Un cas.

Le milliardaire israélien Drahi prend le contrôle de BFM, qui lance la Macron-mania. Toute la grande presse suit. Arnault, Niel, Bergé, Pigasse, Dassault, Lagardère, Pinault, Bouygues et Bolloré, d'accord avec Drahi ? Alignement immédiat de 95 % des médias français.

Une main invisible déblaye le terrain devant le futur Président. Fillon mis en examen. La presse piétine le secret de l'instruction. Le Garde des Sceaux s'en fiche.

Au centre-gauche, Macron a un concurrent : Valls. Qui perd les primaires socialistes. Proclamation chaotique de la victoire d'Hamon : le candidat socialiste le plus falot désigné dans les pires conditions. Plus tard, Hamon refuse de se désister pour Mélenchon : il élimine la gauche sociale dès le premier tour.

Mélenchon est pourtant un candidat sérieux. Il ferme l'électorat de gauche à Marine Le Pen. Mais dès qu'il approche les 20 %, les médias le descendent. La main invisible préfère que Macron soit opposé à Le Pen.

22 avril 2017, premier tour. Fillon et Mélenchon hors jeu, Macron devant Le Pen. Une fabrication de l'opinion au pourcent près.

Tout n'est pas dit. Il reste le débat de l'entre-deux-tours. Mais Le Pen n'a pas de projet cohérent. Ça se voit. Le choc des néants. Macron, c'est le vide dans la continuité. Le Pen, c'est la rupture qui ne va nulle part. Le vide dans la continuité est plus rassurant : il gagne.

7 mai 2017. Belle date. Macron Président.

*

Oligarchie, victoire par chaos ? Peuple, mort cérébrale ? Pas sûr.

Macron, premier tour : 24 % des exprimés, 16 % des Français en âge de voter. Un sur six. Macron, second tour : 66 % des exprimés, 34 % des Français en âge de voter. Un sur trois, contre un épouvantail.

Président au rabais. Élu à la faveur d'un scénario rocambolesque.

Juin 2017. Législatives. Implosion démocratique. Participation en chute libre. Premier tour : pas d'offre politique crédible. Deuxième tour : aucune dynamique de rassemblement.

En France, il n'y a plus de majorité possible. Il n'y a que des minorités un peu moins faibles que d'autres. La République En Marche : 30 % des exprimés, 12 % des Français en âge de voter, 60 % des députés.

Ce n'est pas le peuple qui est en état de mort cérébrale. C'est le système politique. Nuance. Il y a de la vie. Donc de l'espoir.

*

D'où ce livre. Objectif : jeter les bases d'un protocole de réanimation.

Pour établir un traitement, d'abord, le bon diagnostic. Pas d'offre politique crédible, pas de dynamique de rassemblement : pourquoi ?

Deux partis institutionnels repliés sur des socles catégoriels en décroissance. Le Parti Socialiste, ancienne alliance des couches moyennes inférieures et supérieures. Alliance rompue, parti condamné. Les Républicains : à peine moins mal en point. Un lobby du troisième et quatrième âge. Des deux côtés, discours inaudible. Parti Socialiste, légalisation du cannabis, revenu universel non financé : flatter les banlieues et séduire les assistés.

Les Républicains, européisme et violence économique : mettre les jeunes au travail, rassurer les vieux. Deux champs de ruines. On bâille.

Deux partis populistes appuyés sur des socles catégoriels en croissance. France Insoumise : jeunesse sacrifiée et classe moyenne inférieure en chute. Front National : classes populaires, surtout les ouvriers, et Français d'origine européenne confrontés à l'immigration. Des deux côtés, discours partial et partiel. Mélenchon s'est bien gardé d'afficher en 2017 l'immigrationnisme qui l'avait plombé en 2012. Le Pen : ouvriérisme sans ligne politique claire. France Insoumise, Front National : deux chantiers décousus. Populisme français : divisé et protestataire. On ronfle.

La République En Marche : ruse du bloc institutionnel pour surfer la vague dégagiste. Premier socle électoral : classe moyenne supérieure. Une classe qui veut que rien ne change pour elle-même et tout pour les autres : discours trompeur pour privilégiés hypocrites. Deuxième socle électoral, la France dépolitisée qui rêve que tout ne va pas si mal : discours flou pour espérances vagues. Macron, vainqueur en trompe-l'œil. L'illusion durera jusqu'à la prochaine crise. Et encore.

Cause du vide politique : éclatement de l'opinion en tendances fondées sur des problématiques étroites ou des illusions rassurantes. Aucune vision à 360 degrés sur l'environnement réel, et donc par construction, aucune capacité de projection à long terme.

Débâcle de la pensée. Pourquoi ?

Réponse, cause profonde : impensable disruption.

Disruption : concept récent, importé des sciences physiques. Événement disruptif : qui marque une rupture avec le contexte dans lequel il surgit. Une sensation de disruption : panique ressentie face à un monde qui change trop vite pour être décrit. Réflexe induit : vision en tunnel, caractéristique des personnes victimes d'agression.

Intelligence de Macron : avoir tenu un discours disruptif dans une époque disruptive. D'où une illusion de maîtrise. Simple astuce de communication. Mais astuce reproductible.

Pour cesser d'être dupe, une seule solution : apprendre à vivre avec la disruption. La penser. L'apprivoiser.

*

Remède à l'affolement : la respiration. Tout prof de self-défense vous le confirmera : d'abord, s'entraîner à respirer en situation de stress.

Respiration de l'esprit : énoncer des alternatives, détecter les dialectiques. Attaque du manager disruptif : *there is no alternative.* Sous-entendu : je vous délivre de la disruption en vous faisant rouler sur des rails. Riposte de l'homme libre : il y a toujours une alternative.

De la disruption comme bonne nouvelle. Respiration. La disruption est notre alliée. Elle offre des opportunités.

Pour les saisir, il faut être *stable sur ses appuis*. Astuce du manager disruptif : déstabiliser pour dominer. Quand on est en déséquilibre, on redoute les chocs. Appuis concrets : se construisent dans la matière. Mais le point de départ réside dans une base mentale.

Voir les choses comme elles sont. écarter l'hypothèse de la Providence. Ne pas s'imaginer que la morale puisse être autre chose qu'une construction sociale. Admettre que les acteurs de l'Histoire sont mus par leur instinct de survie. Reconnaître que la volonté de puissance n'en est que le prolongement. L'accepter et vivre avec. Mieux : s'en réjouir. Un monde régi par la logique de l'intérêt est un monde modélisable. Apprendre à le modéliser. Aussi bien que Macron. Mieux que Macron.

Être stable, mais aussi *souple*. Se souvenir que notre modélisation ne traduira que notre image du monde. Qu'elle ne sera pas, qu'elle ne peut pas être une transcription du réel.

Donc, ne jamais s'enfermer dans un réductionnisme. Les acteurs interagissent sur plusieurs plans : l'écologie, la technologie, l'économie, la géopolitique, la politique, la culture. Pour nous, aucun de ces plans ne sera maître. Nous nous représenterons le système comme une juxtaposition d'échiquiers, dont les interactions forment un échiquier global de dimension supérieure.

Pour saisir les opportunités, il faut être stable, souple et réactif. Prendre de vitesse le management disruptif. Donc anticiper les surprises. Lire les regards de l'adversaire.

Ne jamais chercher à prévoir. Mais étudier les dynamiques potentielles. Esquisser les enchaînements probables avec modestie et prudence. Toujours, rester aux aguets.

*

Macron a bien mérité sa victoire de 2017. Il a constamment su garder son avance conceptuelle. La politique, c'est comme ça : ce n'est pas le meilleur Président potentiel qui est élu, c'est le meilleur candidat.

Oligarchie 1 – Peuple 0, d'accord.

Mais le match continue.

La campagne 2017 de Macron prouve qu'il sait construire une communication disruptive. Mais la victoire du candidat ne dit rien sur les capacités du Président. Un discours disruptif, c'est une chose. Un quinquennat disruptif, c'est une autre affaire. Le match continue, mais sur un autre terrain. On entre dans le dur.

Macron va essayer de s'en sortir en jouant sur ses talents d'illusionniste. C'est un mauvais acteur, mais c'est un homme de théâtre. Ce n'est pas un hasard si beaucoup de termes sont communs aux lexiques de l'illusionnisme et de la politique : bateleur, boniment, escamotage.

Macron dit : « Pensez printemps ». étrange injonction, dont il faut déchiffrer le sous-texte : « le monde est effrayant, mais je vais vous rassurer. Ne me voyez pas, moi. Ne me pensez pas, moi. Pensez printemps, et vous serez délivrés de la peur. »

Ruse classique des illusionnistes. Attirer l'attention sur leur gauche pendant qu'ils agissent sur leur droite. Se mettre en scène dans la pénombre. Regardez-moi dans les yeux, ne voyez pas mes gestes. Et ça marche. Plus on regarde un magicien, moins on le voit.

Ce livre n'a qu'un objectif. Rendre aux lecteurs leur pleine lucidité. Mettre en lumière les enjeux réels du quinquennat Macron. Il s'agit de débiner l'artiste. Renseignez-vous sur le sens du mot dans le petit monde des illusionnistes.

*

Donc : de la méthode. Démarche classique pour feuille de route simple : de la prospective, ni plus ni moins.

D'abord, détecter les tendances lourdes. Tour d'horizon rapide à 360° de chacun des échiquiers constitutifs du contexte global de la présidence Macron. Partir du plus matériel, aller vers le plus intellectuel. Écologie, démographie, technologie, économie, géopolitique, politique et culture. Dans cet ordre.

Détecter les tendances, étudier leur dynamique.

Biais cognitif fréquent : penser que si quelque chose dure depuis longtemps, alors il est peu probable que ce quelque chose cesse. Erreur : c'est exactement le contraire. Plus les choses vont dans un sens, plus il est probable qu'elles finiront par changer de direction. Pendant longtemps, il ne se passe rien de nouveau – et puis un jour, il se passe quelque chose. C'est ce qu'on appelle : un événement.

Après les tendances lourdes, rechercher les signaux d'actualité. Petits faits, grandes déclarations.

Synthétiser. Objectif : nous concentrer sur les questions essentielles. De leur combinaison résultera l'arborescence des scénarios à étudier.

Dérouler ensuite ces scénarios. étudier le système en dynamique. Mettre en lumière ses potentialités paradoxales. Deviner les opportunités qu'il pourrait offrir. à l'oligarchie. Mais aussi au peuple.

Vraiment, une feuille de route simple et sans détour. Le programme classique des prospectivistes méthodiques. Ni plus, ni moins.

ÉCOLOGIE

1er janvier 1985 : qui connaît Tchernobyl ? 1er janvier 2010 : qui connaît Fukushima ?

La probabilité d'un accident majeur progresse. L'activité humaine déstabilise l'écosphère. Les risques industriels se combinent aux risques naturels. Ça fait longtemps qu'il y a des raz-de-marée au Japon. Avant Fukushima, aucun n'avait provoqué d'accident nucléaire. Et pour cause : il n'y avait pas de centrales nucléaires. Le vrai problème, ce n'est pas le tsunami, c'est la centrale.

L'économie mondiale est intégrée. Donc maintenant, qui dit accident majeur, dit conséquences globales. Après Fukushima, certains constructeurs automobiles changent leurs plannings de production : pénurie de pièces détachées fabriquées au Japon.

La propagation des désastres est plus rapide. Pour aller de Chine en Europe, au XIVe siècle, la peste noire met plusieurs décennies. Aujourd'hui, une pandémie voyage à la vitesse d'un Airbus. En Égypte, la grippe aviaire. Le virus Zyka en Amérique latine. Bientôt chez vous ?

Tendance « Fukushima » : augmentation de la probabilité d'un accident écologique ou sanitaire majeur et global.

*

À long terme, épuisement des ressources naturelles. D'ici à 2022, pas un problème. Jusqu'ici, ça va : comme disait le type qui tombait du 60e étage, en passant devant le deuxième.

Pétrole : pic d'extraction des conventionnels franchi vers 2010. Mais avec le schiste, les autres non conventionnels, le retour de l'Iran sur le marché, l'amorce de la transition énergétique : jusqu'ici, ça va. Scénario 2022 probable : hausse progressive et limitée du prix du baril. Variante : baisse brutale suite à contraction économique globale. Autre variante : hausse brutale suite à crise géopolitique majeure – peu probable : la production industrielle craquerait plus vite que l'offre d'or noir.

Énergie au sens large : idem. Matières premières extractives non énergétiques : idem.

Terres agricoles : ça commence à coincer. Sols dégradés un peu partout sur terre : agriculture industrielle et surexploitation. D'où une perte de productivité. Facteurs aggravants, côté demande : croissance démographique, changement des habitudes alimentaires, développement de la pisciculture induit par l'épuisement des ressources halieutiques. Les stocks mondiaux de céréales par habitant baissent lentement.

Horizon 2022 : jusqu'ici, ça va. Mais attention : en cas d'événement climatique exceptionnel, ça pourrait bien ne plus aller du tout. Et d'un seul coup. Tendance « Disette » : crise alimentaire mondiale latente.

Autres ressources par nature peu ou pas transférables : l'air et l'eau.

Les villes industrielles d'Asie de l'Est et du Sud étouffent. Horizon 2022 : jusqu'ici, ça va.

Eau : ça ne pas va. Prendre un planisphère et planter un drapeau rouge : sur la céréaliculture chinoise, au Bengladesh, en Inde sur les bassins de l'Indus et du Cauvery, sur la quasi-totalité du monde arabo-musulman, et particulièrement sur les bassins du Nil et de l'Euphrate. Tendance « Soif » : guerres de l'eau en perspective.

Tendances « Fukushima », « Disette », « Soif » : pendant le quinquennat Macron, un cygne peut naître noir. Ne jamais l'oublier.

DÉMOGRAPHIE

Pour situer les enjeux : entre 2017 et 2022, l'humanité va croître d'à peu près six fois la population française.

En croissance : Afrique, monde musulman et sous-continent indien. Maghreb : islam rétrograde, transition démographique retardée. Afrique noire : quelle transition démographique ? D'ici à 2022, des millions de jeunes gens vont arriver sur le marché du travail des pays pauvres. Des régimes corrompus et inefficaces seront incapables de leur offrir un avenir. Tendance « Migrants » : accroissement prévisible des flux migratoires venant d'Afrique noire et du Maghreb.

*

Réalité du monde contemporain : plus les populations sont éduquées, moins elles se reproduisent. Vieillissement du Japon : stagnation économique de l'ancien champion de la croissance. Contre-choc prévisible en Chine, les gens qui n'ont fait qu'un enfant vont partir à la retraite : train de la croissance mondiale, locomotive en panne. Europe blanche : un mouroir. Sans l'immigration, la population active baisserait en Allemagne, en Italie, en Espagne. Tendance « Seniors » : l'Asie de l'Est et l'Europe vieillissent.

L'immigration, la solution ?

En France, les statistiques ethniques sont interdites. Mais qui est surreprésenté en prison, et qui dans les grandes écoles ? Pas d'amalgame, je sais. En attendant, on nous parle d'économie de la connaissance. Avec des gens venus de pays sous-alphabétisés ? Tendance « Inadaptation » : l'immigration contemporaine s'insère mal dans la société postindustrielle.

Autre question : la sclérose politique. Dans les démocraties européennes, la majorité du corps électoral est obsédée par la question des retraites. Pas idéal pour se projeter dans l'avenir.

En Allemagne, le baby-boom pléthorique garantit la prédominance de Merkel : elle défend les petits sous. En France, les seniors tiennent à la monnaie unique, gage de stabilité : échec de Le Pen en 2017. En Grande-Bretagne, c'est le contraire : pas d'euro. Résultat : les personnes âgées détestent l'Europe. D'où le Brexit. On peut être pour ou contre. Mais dans les trois cas, ce sont les vieux qui décident.

Déficit de représentation des citoyens de moins de 55 ans. Phénomène auto-amplificateur : sachant que les seniors verrouillent les élections, les jeunes votent peu. Tendance

« Sclérose » : l'Europe est pilotée en vue des enjeux de court terme et pour la protection des situations acquises.

*

Trêve de plaisanteries : d'une manière générale, l'humanité ne va pas bien. Partout, le progrès déstabilise. Inde, Chine, une partie du Proche Orient : déséquilibre démographique entre les sexes. Avortements sélectifs, trop de garçons. Pays développés : natalité en chute libre.

Et ça continue, ce n'est que le début. Urbanisation, tendance mondiale. Pendant le quinquennat Macron, il y aura cent millions d'urbains en plus chaque année. Dans les pays pauvres, c'est un des principaux ressorts de la radicalisation religieuse : quand on a perdu ses racines, sans en planter de nouvelles, on s'accroche au premier fanatisme qui passe. Tendance « Déracinement » : partout dans le monde, bouleversement inédit des fondements anthropologiques.

*

D'ici une génération, les blancs seront minoritaires aux USA. D'ici deux générations, en Europe. D'ici 2022, rien de tout ça ne se produira. Mais effet horizon : les blancs prennent conscience de ce qui va leur arriver.

Aucun groupe humain n'accepte d'être mis en minorité dans son sanctuaire. Tendance « Racisme » : la question raciale menace de resurgir sous une forme nouvelle.

Synthèse : tendances « Migrants », « Inadaptation », « Seniors », « Sclérose », « Déracinement », « Racisme ». Macron est confronté à des équations impossibles. Il fera semblant de dominer la situation, mais en réalité, il subira comme tout le monde. Même le Président de la République française est tout petit devant la crise du XXIe siècle.

TECHNOLOGIE

Révolution médicale. Cardiopathies, cancers : taux de guérison mirifiques. Et pourtant, l'espérance de vie en bonne santé diminue. En cause : pollution, perturbateurs endocriniens, modes de vie antinaturels.

Révolution de la communication. Mais prenez le métro : écouteurs sur les oreilles, les gens ne se parlent plus. Elle est où, la communication ?

La technologie rompt les équilibres biologiques, sociaux et psychologiques. Tendance « Paradoxe » : tout progrès a son revers.

2017-2022 : début de la quatrième révolution industrielle. Encore largement invisible pour le grand public. Mais ça va tout changer. L'intelligence artificielle entre dans les processus de production et de commercialisation. Un jour, elle se combinera avec les nanotechnologies, les énergies renouvelables et les biotechnologies. Et notre monde changera radicalement.

En attendant, bientôt les premières usines vides. Un robot cartésien peut remplacer un ouvrier spécialisé. Les magasins virtuels, c'est fait. Le e-commerce détruit à peu près trois emplois chaque fois qu'il en crée un. Tendance « Robotisation » : la quatrième révolution industrielle détruit plus d'emplois qu'elle n'en crée.

*

Washington accuse régulièrement Moscou et Pékin de guerre cybernétique. Depuis Edward Snowden, c'est cocasse.

Le cyberespace est un théâtre militaire parmi d'autres. On y fait la guerre sans la déclarer. Guerre géopolitique : 2010, Stuxnet, cyber-attaque contre le programme nucléaire iranien. Coproduction de la *National Security Agency* américaine et de l'Unité 8200 israélienne. Guerre économique aussi : Stuxnet espionne *tous* les systèmes industriels de Siemens.

Guerre de l'information surtout. 2008, ça pète en Ossétie : sites d'information russes inaccessibles depuis la France. 2009, esquisse de révolution colorée en Iran : invasion de faux SMS. 2011, même chose en Libye. 2012, en Syrie.

Tendance « Cyberwar » : le monde virtuel, théâtre des opérations.

*

Le rêve : une économie fondée sur les énergies renouvelables. La réalité : on en est loin. En 2020, les renouvelables représenteront 15 % de l'énergie disponible dans le monde, contre

13 % en 1990. La vraie transition énergétique pour l'instant : la substitution du gaz et du charbon au pétrole. Sur la même période : + 3 % pour le gaz, + 3 % pour le charbon, - 7 % pour le pétrole.

Le rêve : une économie sortie de la logique de concentration industrielle énergivore, grâce à l'impression 3D. La réalité : on en est très loin. Pour l'instant, c'est du prototypage.

Sauf surprise, pas de miracle technologique à court terme. Donc tendance « Gaz-Charbon » : pas de révolution de l'économie physique de production à l'horizon 2022.

Synthèse : tendances « Paradoxe », « Robotisation », « Cyberwar », « Gaz-Charbon ». Macron aura un quinquennat difficile sur le plan technologique. À long terme, la survie de notre espèce se joue dans les laboratoires. Mais à court terme, les innovations vont apporter plus de soucis que de solutions.

ÉCONOMIE

Chronologie de la croissance du PIB en France depuis 1961 :

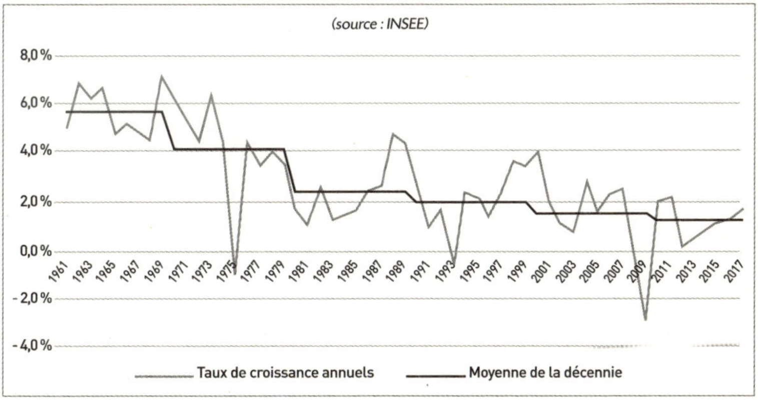

Constats :

1. Baisse tendancielle depuis les années 70.
2. Une inflexion négative plus ou moins violente à intervalles irréguliers d'environ une petite décennie.
3. Trois récessions majeures : 1975, 1993, 2009.

4. ➧ Après 2009, rapport inquiétant entre l'ampleur de la récession (- 3,5 %) et celle de la reprise de l'année suivante (+ 2 %) À comparer à 1975 (- 1 %/+ 4 %) et 1993 (- 0,6 %/+ 2,3 %).

CHRONOLOGIE DE LA CROISSANCE MONDIALE SUR LA MÊME PÉRIODE :

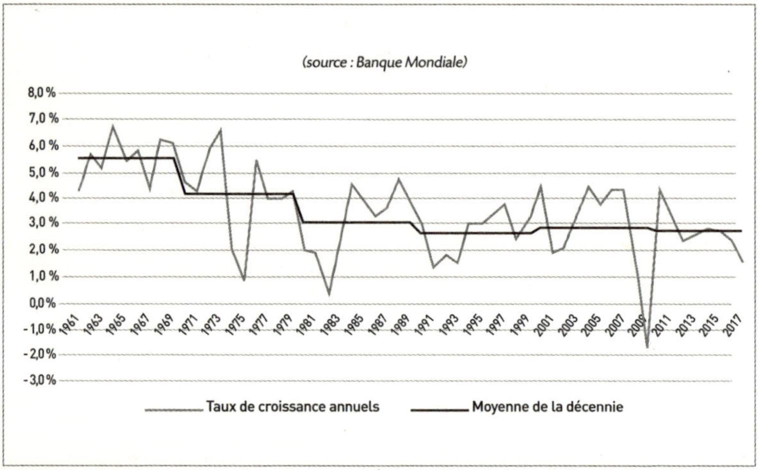

<u>Constats :</u>

1. ➧ Excellent coefficient de corrélation entre croissance mondiale et croissance française : 0,8. Le contexte global surdétermine à 80 % nos performances économiques. Autant dire que Macron peut ramer si la Chine craque.
2. ➧ Baisse dans les années 70 et 80. Mais après la croissance mondiale se stabilise : les émergents prennent la relève de l'Occident comme locomotive de l'économie globale. Macron devrait se mettre au chinois.

3. Une inflexion négative plus ou moins violente à intervalles irréguliers d'environ une petite décennie. Aïe, la dernière fois, justement, c'était il y a huit ans.
4. Dé-corrélation temporaire entre économies française et mondiale dans les années 1992-2002. La récession de 93 n'est pas majeure à l'échelle mondiale, alors qu'elle l'a été en France : politique du franc fort. Il y a un mini-boom économique en France à la fin des années 90 : période de sous-évaluation de l'euro. Entre le contexte mondial et la situation française : le contexte européen. À prendre en compte.

➤ **Conclusions :**

1. Périodicité des replis conjoncturels : un peu moins de dix ans. Tendance « Cycle » : probable fléchissement de croissance dans le courant du prochain quinquennat. Quand exactement ? Difficile à dire.
2. Économie française en déclin : encaisse de moins en moins bien les chocs externes majeurs. Tendance « Stagnation/Fragilité » : la France sombrera-t-elle en cas de grande récession ?

Question économique clef du prochain quinquennat : une nouvelle crise globale de très grande ampleur ?

*

Réponse difficile. Beaucoup de chiffres truqués dans le système. Juste pour donner une idée de l'ampleur du problème, un exemple parmi d'autres : le chômage. Statistiques régulièrement claironnées dans les médias, jamais mises en perspective.

Petit rapprochement entre taux de chômages, taux d'activité et nombre d'heures travaillées par travailleur :

	Taux de chômage harmonisé OCDE 2006	Taux de chômage harmonisé OCDE 2016	Taux d'activité 2006	Taux d'activité 2016	Heures travaillées par travailleur 2006	Heures travaillées par travailleur 2016
USA	4,6 %	4,9 %	75,5 %	72,9 %	1 798	1 783
Allemagne	10,3 %	4,1 %	75,0 %	78,0 %	1 425	1 363
Italie	6,8 %	11,7 %	62,6 %	64,9 %	1 813	1 730
Espagne	8,5 %	19,7 %	72,1 %	75,3 %	1 716	1 695
Grèce	9,0 %	23,6 %	66,7 %	68,2 %	2 125	2 035

Source : OCDE

➤ Conclusions :

Si on ne regarde que les chiffres du chômage, les États-Unis vont bien, l'Allemagne va très bien. Mais si on prend en compte le taux d'activité, on s'aperçoit que les États-Unis ne vont pas si bien que ça : le chômage baisse parce que les gens arrêtent de chercher du travail. Même chose pour l'Allemagne quand on regarde les heures travaillées par travailleur : le chômage baisse, mais le temps partiel explose.

Par contre, nous avons confirmation du désastre qui frappe l'Europe du Sud. Italie, Espagne et Grèce coulent à pic.

Gouvernements, banques centrales et médias tordent les chiffres. Situation réelle de l'économie mondiale : une catastrophe latente. On nous raconte un monde intégrant les conséquences économiques des mutations technologiques. Ce monde n'existe pas.

À la décharge des gouvernants, ils ne sont pas seuls en cause. Le recul de la précision statistique vient aussi des outils macroéconomiques en eux-mêmes. Conçus il y a plus d'un demi-siècle, ils sont dépassés.

À l'ère du bitcoin, que signifie une masse monétaire ? Lorsque le *Deep Web* se transforme en grand marché opaque, comment mesurer l'économie grise ? Que représente le chiffre d'affaires des industries culturelles, quand la majorité des téléchargements Internet sont illégaux ? Que valent les documents de synthèse des institutions financières à l'ère du *Shadow Banking* triomphant ?

Allons-nous découvrir du jour au lendemain que toutes nos données étaient biaisées ? Tendance « Brouillard » : un krach peut survenir par surprise, n'importe quand, sans aucun signal permettant de l'anticiper.

*

Autre difficulté : le caractère inédit de la situation actuelle.

C'est quoi, une économie où les taux sont *négatifs* ? Je te prête de l'argent pour que tu m'en rendes moins ? Ça n'a aucun sens.

Comment c'est possible ?

Fuite en avant depuis 2007 et l'explosion de la bulle des *Subprimes*. Seule solution au problème de la dette : empiler de la dette pour rembourser la dette. Résultat des courses en 2016 :

Ratios dette/PIB	Dette publique 2006	Dette du secteur privé 2006	Dette publique 2016	Dette du secteur privé 2016	Dette totale 2006	Dette totale 2016
USA	76,7 %	204,7 %	127,6 %	203,5 %	281,4 %	331,1 %
Royaume-Uni	50,7 %	220,0 %	123,2 %	230,5 %	270,7 %	353,7 %
France	76,9 %	195,5 %	120,3 % (1)	227,6 % (1)	272,4 %	347,9 %
Allemagne	68,3 %	162,5 %	78,0 % (1)	149,5 %	230,8 %	227,5 %
Italie	115,0 %	163,0 %	157,3 % (1)	176,0 % (1)	278,0 %	333,3 %
Espagne	45,7 %	263,5 %	117,2 %	207,9 %	309,2 %	325,1 %
Grèce	115,2 %	104,5 %	185,2 %	136,6 %	219,7 %	321,8 %

Source : OCDE – se reporter au site de l'OCDE pour la définition précise des indicateurs.
(1) Donnée 2015

Certains chiffres peuvent surprendre : définitions OCDE différentes de celles retenues dans la zone euro. Mais le recours aux données OCDE facilite les comparaisons internationales.

Le ratio dette totale/PIB a progressé dans tous les pays de l'échantillon, sauf l'Allemagne où il a été quasi-stable. La dette publique a représenté l'essentiel de l'augmentation. Mais elle reste inférieure à la dette privée.

Tendance « Dette » : depuis plusieurs décennies, l'économie occidentale est shootée à l'endettement.

Pourquoi ?

Flashback. Années 60. En dix ans, les réserves d'or des États-Unis tombent de 20 000 à 8 000 tonnes. 15 août 1971, Nixon annonce l'abandon de l'étalon-or. Impossible de maintenir la parité officielle.

Le dollar reste au centre du système monétaire : tout le monde en veut, il en faut pour acheter du pétrole. L'armée des États-Unis agresse tout producteur qui en vend dans une autre monnaie. D'où la destruction de l'Irak. Le dollar, monnaie d'occupation mondiale.

Le baril de pétrole est un étalon mobile. Les USA peuvent créer énormément de dollars : il leur suffit de faire monter le prix de l'or noir. Ça tombe bien : guerre du Kippour 1973, embargo OPEP.

Problème : la monnaie de référence est instable. Comment éviter le recours systématique à la planche à billets ? Réponse : les États devront désormais se financer sur les marchés. Une nouvelle orthodoxie financière émerge : la monnaie est une marchandise en elle-même, mais sans sous-jacent matériel. Abracadabrant : c'est du métallisme sans métal. Concrètement, les marchés financiers renforcent leur capacité à peser sur la politique économique des États-nations.

Résultat : Margaret Thatcher, Royaume-Uni, 1979. Ronald Reagan, États-Unis, 1981. Politique favorable au renforcement des revenus du capital. Imitée par les vassaux des États-Unis.

Politique maintenue depuis 35 ans, peu importe la couleur des gouvernements.

Alors au final, on a quoi ?

On a un modèle impérial classique. Bla-bla des économistes : rideau de fumée. Réalité : pillage des périphéries, écrasement des pauvres, spoliation des classes moyennes. C'est la fête chez les milliardaires. Tendance « Enrichissez-vous » : depuis 1980, la politique des dirigeants occidentaux est conduite en vue des intérêts des riches.

Ça, c'est la réalité du modèle dont bénéficient les gens qui ont propulsé Macron. On rappelle les noms derrière les médias en France : Arnault, Niel, Bergé, Pigasse, Dassault, Lagardère, Pinault, Bouygues, Bolloré, Drahi. Le point commun de tous ces braves gens, c'est qu'ils veulent la continuation de la tendance « Enrichissez-vous ». Macron défendra le modèle qui fonde cette tendance.

*

Défense qui ne sera pas facile. Le modèle est en crise. L'enrichissement des riches gonfle le capital disponible pour la spéculation. D'où des bulles sur l'immobilier, les matières premières, les céréales, aujourd'hui le bitcoin. Les gestionnaires d'actifs sautent de marché en marché, déstabilisant au passage des pans entiers de l'économie réelle. Tendance « Virtualisation » : la valorisation des actifs a été dé-corrélée des fondamentaux économiques.

Actifs surévalués : exigence de rendement accrue. Problème : plus les gens sont riches, plus ils préfèrent les revenus différés. Donc quand les riches s'enrichissent au détriment des pauvres, l'argent fuit les marchés des biens de consommation. Donc l'économie réelle freine. Donc les profits baissent. Contradiction interne.

Pour surmonter cette contradiction, cinq solutions :

1. ➧ Méthode américaine : conquête militaire. Croître par l'annexion de nouveaux territoires physiques. Temporairement, permet de dégager la plus-value nécessaire au rééquilibrage du système.
2. ➧ Méthode allemande : conquête commerciale. Même principe d'expansion, mais sans bombardement. D'où la stabilisation de la dette allemande : pas besoin.
3. ➧ Méthode occidentale en général : conquête sociétale. Inclure tous les processus sociaux dans la sphère marchande. D'où par exemple la destruction de la famille, ce lieu de gratuité.
4. ➧ La dette. Quand les trois méthodes précédentes ne suffisent plus. L'endettement doit financer les profits fictifs qui rémunèrent des actifs surévalués. On remplace les salaires par de la dette privée, ou par des prestations sociales financées par la dette publique. Ça permet de faire tourner la machine. Chiffres d'affaires : profits.
5. ➧ Quand la dette ne suffit plus, il reste une ultime solution : la crise financière. On détruit de la valeur sur un ou plusieurs marchés d'actifs. Tendance « Krach » : les crises financières sont le mode de régulation ultime d'un système financier structurellement déséquilibré.

Problème : en 2008, sans l'intervention des États, le système financier international se serait écroulé. Résultat, les dettes d'État forment maintenant la principale bulle spéculative. Les acteurs de cette bulle sont les banques centrales elles-mêmes. En principe, le dernier recours.

Alors qui sauvera le dernier recours, lors du prochain krach ? Rappel : la dette publique passe pour sûre, mais c'est une plaisanterie. À long terme, c'est un des placements les plus risqués. Presque tous les États du monde ont déjà fait défaut au moins une fois.

Où on comprend la politique monétaire actuelle. Tendance « Taux Zéro » : la survie du système passe par le maintien des taux à un niveau très bas. S'ils remontent, les États étranglés font faillite. Si les États font faillite, les bilans des banques centrales implosent. Si les banques centrales craquent, il n'y a conceptuellement plus rien qui tienne. C'est la fin du modèle, victime de ses contradictions internes.

Ici, quelques hurluberlus objecteront : « faut qu'on » évite les faillites d'État, « y a qu'à » maintenir la politique monétaire actuelle indéfiniment. Sauf que oui mais non. Ça ne marche pas comme ça. Si jusqu'ici, on ne donnait pas l'argent pour rien, il y avait une raison. En fait, il y en avait même plusieurs. On peut au moins en citer trois.

La première est évidente : quand vous rachetez systématiquement les titres de la dette publique sur les marchés secondaires, les taux chutent. Problème : si les taux chutent, vous n'attirez plus le capital. Évidemment, ça ne vous empêche pas de vous financer : vous fabriquez de l'argent. Mais tôt ou tard, ça devrait se voir sur le taux de change. Techniquement, c'est quand même un peu une guerre monétaire. Ça peut mettre vos partenaires chinois d'assez mauvaise humeur. Ça pourrait bien faire baisser leurs réserves de change. Donc les désarrimer de vous. Problème géopolitique.

La deuxième raison est un peu plus sioux. Si les taux à long terme sont négatifs, le métier de banquier disparaît. Normalement, un banquier, c'est quelqu'un qui emprunte à court terme et prête à long terme. Il transforme du capital qui tourne, sur les comptes courants, en capital qui va s'investir. Mais si les rendements de long terme sont nuls, son métier ne lui rapporte plus rien. Résultat : des banques qui devront trouver de l'argent autrement. Surfacturer les frais de tenue de comptes. Spéculer tous azimuts. Problème financier.

La troisième raison est franchement paradoxale. Pour maintenir très bas le coût de la dette publique, que font les banques centrales ? Elles déversent des tombereaux d'argent sur les marchés. Où va cet argent ? Pas dans l'économie réelle. Il gonfle des bulles spéculatives à rendement élevé. Résultat : tout le monde se transforme en acteur financier. La plupart des grandes entreprises ont maintenant une trésorerie obèse. Elles préfèrent spéculer sur la hausse des actifs existants. Elles ne travaillent plus concrètement à la création de nouveaux actifs. Problème économique.

Marchés en apesanteur, économie réelle stagnante loin en dessous. Plus aucune analyse fondamentale derrière la valorisation des actifs. Tendance « Cannibalisation » : alors que leur mission est de financer l'économie réelle, les marchés la privent d'investissement pour s'auto-alimenter.

*

➤ Conclusion : il faudrait resserrer la politique monétaire. Tout le monde le sait. Seulement, problème : c'est impossible. Le choc serait trop grand. Il fallait le faire avant. Après des années de laxisme, les bilans sont pleins d'obligations à rendement faible. Remontée des taux : effondrement de la valeur de marché de ces titres. Retour à leur valeur fondamentale : des créances sans prime de risque sur des débiteurs en faillite. Ça va faire mal.

Effondrement qui viendra percuter des institutions financières aux bilans déséquilibrés par des effets de levier déraisonnables. Sans parler des produits dérivés. Sans parler des fonds indiciels. Sans parler du trading à haute fréquence. Tendance « Tempête parfaite » : énorme krach latent.

Que vont faire les banquiers centraux ? La plupart des prospectives institutionnelles tablent sur la poursuite d'une politique monétaire laxiste en 2018. Un resserrement prudent est anticipé à partir de 2019. Mais les prospectives institutionnelles se sont souvent trompées.

Ces projections supposent que les banques centrales auront pour objectif principal d'éviter un krach. Ce n'est pas toujours ce qui s'est passé historiquement. À plusieurs reprises, la politique monétaire a été conduite au risque d'un krach. En 1929, en 1999, en 2005-2006.

Les banques centrales sont pilotées en partie par des conseils consultatifs regroupant des institutions financières. Pour la Banque Centrale Européenne, par exemple : Euroclear, Deutsche Bank, BNP Paribas, Société Générale, UniCredit, Citi, Commerzbank, Clearstream, Crédit Agricole, Santander, BNY Mellon, HSBC, etc. Tous ces acteurs se situent à l'intersection d'intérêts divers. Ne jamais l'oublier : un krach, c'est aussi un outil extraordinaire pour concentrer le pouvoir économique.

La priorité des banquiers centraux est de sauver leur système de pouvoirs. Si pour cela, il leur faut sacrifier la doctrine, la vision, et même au fond l'économie réelle : eh bien soit, on fera ce qu'il faut. On sauvera le système de pouvoirs.

Pourquoi conserver la fiction d'une économie libérale ? Pourquoi ne pas intégrer de larges pans de l'activité économique dans un État entièrement mis au service des banques ? Surprenante réversibilité du néolibéralisme en socialisme étatiste. Scénario politique à considérer, dans l'hypothèse où l'échec de Macron ferait monter la gauche radicale. Tendance « Logique-Système » : les régulateurs cherchent à sauver le système parce qu'il est leur raison d'être. Cela peut passer par la mutation du système.

➤ Conclusion : l'hypothèse d'une remontée des taux n'est pas farfelue. C'est effectivement peu probable. Mais ça n'est pas impossible. On ne sait jamais. Incertitude majeure n°1 : vers un resserrement monétaire brutal ?

*

Trop tôt pour tirer un bilan de la présidence Trump. Mais d'ores et déjà, une lutte féroce se déroule entre ce Président atypique et une partie de *l'establishment* politico-financier étatsunien.

Nous avons en France une perception réductrice du phénomène Trump. Nos médias se sont focalisés sur ses pitreries. C'est sans intérêt. Trump a gagné l'élection sur le fond. Sa rhétorique anti-immigration clandestine lui a permis de conserver les classes populaires et moyennes républicaines. Son discours protectionniste lui a apporté l'électorat démocrate de la ceinture industrielle. Trump a gagné parce qu'il a promis de combattre le système qui tue l'Amérique. Il s'est défini clairement comme l'homme des classes populaires et moyennes contre Wall Street.

Bon, la rhétorique de campagne et la politique réelle sont deux choses bien différentes. Pour l'instant, Trump fait dans le protectionnisme *light* : il veut renégocier les accords de libre-échange, pas les détruire. Mais l'homme est imprévisible. C'est sa marque de fabrique. Alors, qui sait ?

Pour l'instant, l'oligarchie financière étatsunienne le tolère parce qu'il est vu comme une nuisance temporaire et secondaire. Mais s'il compromet la stratégie mondialiste de l'État profond, l'ambiance risque de changer. Divorce au sein des classes dirigeantes du capitalisme américain ? Les revenus du capital mondialisé sont indexés sur le commerce international. Un Trump protectionniste serait l'homme à abattre. Non seulement pour l'*establishment* politique de Washington, mais aussi pour Wall Street. Tendance « Dissension au sommet » : une partie de l'élite occidentale veut une relance industrielle protectionniste. Une autre partie n'en veut pas. Il y a un risque d'éclatement des classes dirigeantes.

Trump va faire exploser le déficit public américain : relance par dépense publique et allègement d'impôts. Reagan et Roosevelt dans la même tête. Toujours la dette, mais pour financer l'économie physique de production : une expérience. Résultats : dans quatre ans. Le plus probable : un coup de fouet à l'économie des États-Unis, mais sans relance durable.

Est-ce que la Réserve Fédérale va laisser remonter les taux ? Si oui, le dollar va repartir à la hausse. Trump torpillé ?

*

L'euro aussi sera piloté par la Banque Centrale Européenne en fonction d'enjeux politiques.

Du point de vue des milieux d'affaires, l'euro est un remarquable succès. L'Euroland constitue un espace de libre circulation sans unification des règlementations fiscales. Un rêve de capitaliste. La Commission Européenne annonce de temps en temps se soucier de cette situation. Ça fait des années qu'elle s'en soucie.

Pendant ce temps-là, les nations souffrent. Leurs économies réelles sont à la traîne. Comparons les produits intérieurs bruts (PIB) depuis l'introduction de l'euro.

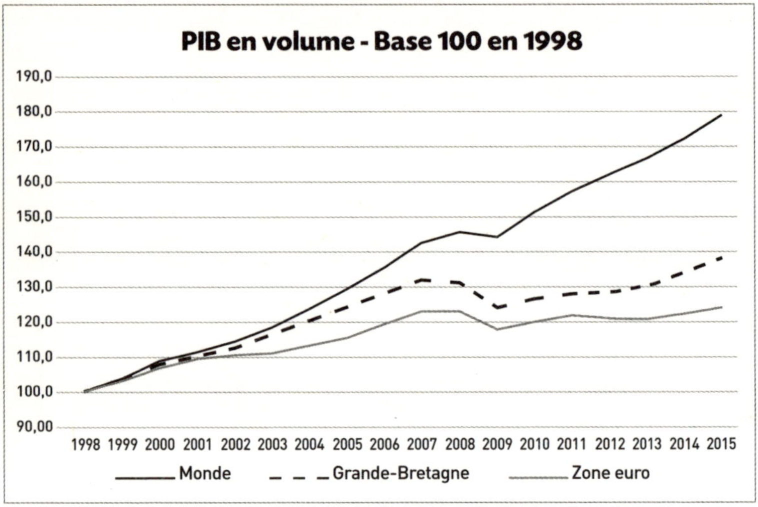

Que le PIB de l'Euroland décroche par rapport au PIB mondial est assez normal : pas la même démographie, pas la même situation de départ. Mais par rapport à la Grande-Bretagne ? Qui, rappelons-le, n'est pas précisément un dragon économique.

L'euro est un échec. Il a engendré dans les années 2000 une certaine croissance dans une partie de l'Europe du Sud, jusque-là pénalisée par des taux d'intérêt élevés. Mais en 2008, on a pu le vérifier : cette croissance était bâtie sur du sable. Plus dure fut la chute.

Aujourd'hui, la zone est au bord de l'explosion. L'impossibilité de procéder à des dévaluations externes est une catastrophe pour des économies faibles. Pour rétablir la compétitivité, une seule solution : compression brutale des salaires, de l'emploi et des prestations sociales. Résultat : ces économies sombrent. L'euro devait faire converger les pays de l'Euroland, mais c'est le contraire qui s'est produit. Tendance « Euro-divergence » : l'euro a accentué le différentiel de compétitivité entre Europe du Sud et Europe du Nord.

D'où sa fragilité. À partir de 2011, spéculations contre les dettes des pays du Sud : orchestrées bien sûr par les prédateurs de la *City of London* et autres places *offshore*. Hausse des taux sud-européens et irlandais. 2012 : la Banque Centrale Européenne sauve l'euro en rachetant les dettes sur le marché secondaire. *Quantitative easing* à l'européenne. Problème : dès que la BCE lève le pied, les capitaux se détournent à nouveau de l'Europe du Sud. Rien n'est réglé.

L'euro est une monnaie bizarre. Elle est unique par son statut de fait dans les économies de la zone : dans ces États, vous ne pouvez pas payer vos impôts en une autre monnaie. Mais elle est commune par son mode de création. En réalité, il s'agit d'une union de monnaies homonymes à parités fixes. L'euro n'est pas émis par la Banque Centrale Européenne : ce sont les banques centrales des États membres qui l'émettent. Entre elles existe un système de compensation. Ce système de compensation s'appelle *Target 2*.

Quand le marché des capitaux est fluide dans l'Euroland, aucune banque centrale ne dégrade son solde significativement. Si le pays importe plus qu'il n'exporte, ses banques empruntent à l'étranger, généralement à l'intérieur de la zone euro. Mais quand le marché des capitaux se bloque, comment faire ? Schématiquement, voilà ce qui se passe : les pays à balance commerciale déficitaire émettent de l'euro pour compenser la perte en masse monétaire. Donc ils dégradent leur solde *Target 2*. En contrepartie, le solde des pays créditeurs augmente.

Le pays créditeur de loin le plus important est l'Allemagne. L'évolution de son solde a été la suivante :

- 2008, + 100 milliards d'euros ;
- juillet 2012 : + 750 milliards d'euros – crise de l'Irlande et des pays sud-européens ;
- septembre 2014 : + 400 milliards d'euros – la BCE rachète les titres des pays en difficulté ;
- mars 2017 : + 750 milliards d'euros – retour à la situation de 2012.

Les soldes *Target 2* renseignent sur l'état de la zone. Bien sûr, la réalité est plus complexe. Mais tout de même : quand les soldes *Target 2* se mettent à diverger fortement, ça ne veut pas rien dire. Incertitude majeure n° 2 : la zone euro va-t-elle exploser ?

L'équation est simple. Le point de rupture est proche. De trois choses l'une. Ou bien l'euro engendre un super-État européen. Ou bien la zone explose. Ou bien une combinaison des deux : le super-État naît, mais restreint à certains membres de la zone. Allemagne et périphérie, peut-être avec la France. Mais pas avec l'Europe du Sud. Trop cher pour Berlin. Si on en juge par la vitesse de dégradation des soldes *Target 2* entre 2014 et 2017 :

100 milliards d'euros par an. Certaines études plus savantes avancent des chiffres bien plus élevés. De toute façon, c'est exclu.

D'un autre côté, Berlin n'a pas intérêt à une explosion soudaine de la zone euro. Si l'euro explose, le mark reconstitué s'envole. Perte de compétitivité pour l'industrie allemande, qui ne dispose pas du marché intérieur nécessaire à l'écoulement de ses produits : tendance « Seniors ».

Donc les classes dirigeantes allemandes recherchent une voie moyenne. But : faire durer l'euro au moindre coût. Hypothèse : injecter la dose de fédéralisme la moins élevée possible, et utiliser des concessions accordées au compte-goutte pour aligner l'Europe sur les logiques allemandes. Tendance « Euro-marchandage » entre une Allemagne riche et une Europe pauvre.

Tant que le marchandage se poursuit, la zone euro perdure. Impossible de dire à l'avance qui finira par claquer la porte. Ni quand. Ni pourquoi. La seule chose claire, c'est qu'en l'état, l'euro n'est pas viable. Il faut le défaire ou le refaire. Gag : ses partisans risquent d'être pour finir ses fossoyeurs, parce qu'ils refusent de le réformer.

*

Résumons.

- Tendances « Cycle », « Stagnation/Fragilité », question majeure du quinquennat Macron : pas de récession, petite récession, ou Grande Récession ?

- Tendances « Brouillard », « Dette », « Tempête parfaite » : l'hypothèse d'une super-récession avant 2022 doit en tout cas être prise très au sérieux.

- Tendance « Enrichissez-vous » : pas de bla-bla, Macron a été placé à l'Elysée pour qu'en cas de super-récession, les intérêts des super-riches soient super-préservés !

- Tendances « Krach », « Taux Zéro », « Cannibalisation », « Logique-Système », « Dissension au sommet » : nous connaissons notre première incertitude majeure. Va-t-on vers un resserrement monétaire brutal ?

- Tendances « Euro-divergence », « Euro-marchandage » : et voici notre deuxième incertitude majeure. La zone euro va-t-elle exploser avant 2022 ?

Les enjeux de la présidence Macron commencent à se préciser.

GÉOPOLITIQUE

Nouveau grand jeu géopolitique : l'Amérique se bat pour rester maîtresse du monde, mais la montée en puissance de l'Asie semble irrésistible. Pour inverser le cours de l'Histoire, les États-Unis devront faire tomber une des deux grandes puissances eurasiatiques : Chine ou Russie. Il ne suffira pas de se concilier l'Inde ou le Japon.

Il y a quatre fois plus de Chinois que d'Américains. Le quotient intellectuel moyen est plus élevé en Chine qu'aux États-Unis. La Russie possède presque toutes les ressources naturelles et des technologies militaires de pointe. Les fondamentaux de la puissance ne sont *pas* du côté étatsunien.

Dans ce grand jeu, la France ne fait pas le poids. Elle doit choisir entre la neutralité et la vassalité. Si elle se reconnaît vassale des États-Unis, elle sauvera peut-être ses intérêts impérialistes en Afrique. Mais elle risque d'être entraînée dans des combats périlleux au service d'un suzerain déloyal. Si elle choisit la neutralité, elle devra le faire en lien avec les autres Européens.

Tendance « Realpolitik » : Macron devra trouver le bon équilibre pour une politique française réaliste. Reste à savoir si ses sponsors lui en laisseront le loisir.

*

2014. Après avoir culminé à plus de 4 000 milliards de dollars, les réserves de change chinoises commencent à diminuer. Fin du système aberrant des années 2000 : une Chine qui prêtait à l'Amérique pour qu'elle importe. Pékin change de modèle de développement : cap sur le marché intérieur. Reconversion bien lancée, mais qui prendra du temps. Un pays grand comme trois fois l'Europe : inertie formidable.

La production industrielle de l'Empire du Milieu ne croît désormais « plus que » de 5 % par an. C'est deux fois moins qu'au début des années 2010. En Afrique, les conséquences sont immédiates. Le développement africain s'est construit sur la demande chinoise de matières premières. Le coup de frein chinois menace aussi l'Allemagne, exportatrice de machines-outils.

Pékin réagit. La Chine vient de lancer un nouveau plan d'infrastructures. D'où une temporaire embellie économique mondiale. L'autre raison de fond : l'Inde. New Delhi dirige une puissance paradoxale : énorme potentiel, failles abyssales. Avec l'émergence d'une immense classe moyenne, c'est la nouvelle locomotive de la croissance mondiale.

Tendance « Inversion de la dépendance » : alors que jusqu'ici, c'était le monde Atlantique qui déterminait le climat économique mondial, le sens de l'influence s'est inversé. Désormais, c'est l'Asie qui donne le « la ». En tout cas dans l'économie physique de production.

La Chine a créé en 2014 la Banque Asiatique d'Investissement pour les Infrastructures. Capital : 100 milliards de dollars. Mission : construire les nouvelles routes de la soie. En filigrane : une nouvelle mondialisation, impulsée par l'Asie.

Le jour où ils maîtriseront leurs routes commerciales, les Chinois n'accepteront plus un ordre monétaire international piloté par les Occidentaux, via le FMI. Pourquoi des créanciers accepteraient-ils d'être soumis à leurs débiteurs ?

Pour l'instant, Pékin fait profil bas, parce que les États-Unis contrôlent les océans. Alors la Chine investit dans sa marine. En 2020, trois groupes aéronavals chinois seront disponibles. On est loin des onze porte-avions américains. Mais c'est un début. Tendance « Routes de la soie » : le jour où les Chinois sécuriseront le trajet maritime Shanghai-Athènes, le dollar tombera.

*

La Russie, c'est autre chose. Les néoconservateurs nomment « révisionnisme » la tendance de certains États à contester la suprématie américaine. La Russie est le seul pays « révisionniste » à avoir les moyens de « réviser ». D'où ses ennuis avec Washington.

Les Américains cherchent à embrigader l'Europe dans leur croisade antirusse. Ça a plutôt bien marché en Syrie : les Russes ont une base militaire, les Américains font déstabiliser le pays par les Français et les Britanniques. L'embrigadement a beaucoup moins bien fonctionné après la révolution colorée de Kiev, en 2013-2014. Hollande et Merkel ont négocié les accords de Minsk. Pas la panacée, mais le pire a été évité : pas de guerre avec Moscou.

➤ Conclusion : la diplomatie française suit les Américains quand les intérêts du capitalisme français l'exigent. Mais pas si ça suppose de se retrouver en opposition trop frontale avec la Russie. L'Amérique, suzerain déloyal – la France, vassal hypocrite.

Sous la présidence de Nicolas Sarkozy, le Quai d'Orsay a été noyauté par une meute de diplomates néoconservateurs, tous passés par Washington, Londres, Tel-Aviv ou Bruxelles-Otan. Rien n'indique à ce stade que Macron cherchera à remettre en cause l'influence de ce réseau. Mais rien ne dit non plus qu'il s'y soumettra. Tendance « Atlantisme français » : dans une certaine mesure, la politique étrangère française est sous influence des États-Unis et de leurs associés, Grande-Bretagne et Israël. Mais seulement *dans une certaine mesure.*

Attention : question cruciale. Ça risque de chauffer en Europe de l'Est d'ici 2022. L'Ukraine est instable. Ses difficultés économiques l'entraînent vers l'aventurisme. Les républiques autoproclamées du Donbass forment des proto-États au statut mal défini. La Lettonie n'en a pas fini avec sa minorité russophone.

Washington peut choisir la guerre contre Moscou. Sinon, comment la briser ? Les sanctions économiques ont jusqu'ici coûté plus cher à l'Europe qu'à la Russie. Si cette dernière est en difficulté sur le plan économique, c'est à cause des bas prix de l'énergie. Les sanctions ont plutôt renforcé Poutine : sa cote de popularité s'est envolée, l'économie russe est devenue plus autoporteuse. Les sanctions ne sont maintenues que pour interdire les coopérations entre Européens et Russes. La véritable cible des sanctions, c'est l'Europe.

Un affrontement militaire direct du fort au fort semble exclu. L'OTAN conduira probablement une guerre économique à travers la compétition militaire. Washington contraint Moscou à financer un effort de défense ruineux, mais sans aller jusqu'à la guerre. De son côté, Moscou n'a manifesté aucune velléité offensive au-delà de son étranger russophone proche.

Le vrai danger : le dérapage. Faux calcul, incident de frontière. Quid de la réaction de Moscou en cas de persécution des minorités russes dans les États baltes ? Et si la guerre devait s'intensifier au Donbass ? Il n'y a pas de plan officiel pour l'adhésion de l'Ukraine à l'OTAN. Mais il existe un plan d'action individuel de partenariat. Danger : via l'OTAN, la France peut se faire happer dans une guerre à l'est.

Le bouclier antimissile de l'OTAN : toujours la vassalisation de l'Europe continentale par les États-Unis. Les complexes militaro-industriels européens n'ont pratiquement pas été associés. Mettre en danger les Européens par la déstabilisation de l'équilibre stratégique sur leur continent. Puis garantir leur sécurité en échange de leur soumission. Stratégie classique des empires : s'adosser à un prédateur rival.

Danger, risque de faux calcul : le bouclier antimissile remet en cause l'équilibre stratégique. L'adversaire peut redouter une attaque une fois mis en position de faiblesse. Historiquement, c'est la configuration des deux guerres mondiales du xxe siècle. Ultimatum autrichien de 1914, soutenu par Berlin au risque de la guerre : la peur de la montée en puissance russe. L'opération Barbarossa en 1941 : attaque préemptive dans l'esprit de Hitler. Pearl Harbor : les Japonais ont une fenêtre de tir avant de se retrouver en position de faiblesse, ils en profitent.

L'OTAN et l'Union Européenne sont en plein doute existentiel. Ni l'une ni l'autre ne savent fixer leurs frontières. Idem pour la Russie : est-ce une nation, définie par son identité Grand-Russe, ou l'héritière de l'Empire des Tsars ? Danger, danger, danger : alerte rouge. Clash potentiel entre superpuissances thermonucléaires.

Poutine et Lavrov à Moscou : dérapage improbable. Grand sang-froid, sens de la mesure – plutôt rare chez les Russes. Poutine probablement réélu en 2018. Mais on ne sait jamais. Système russe : oligarchie hyper-centralisée tempérée d'anarchie provinciale. Risque d'instabilité accidentelle.

Tendance « Guerre tiède » : la relation franco-russe 2017-2022 sera rythmée par les provocations de l'OTAN. Enjeu essentiel du mandat Macron : éviter le dérapage.

*

Autre problème : la diplomatie secrète des présidences Sarkozy et Hollande, leur interventionnisme brouillon en Libye et en

Syrie. Macron va devoir gérer les retombées. Ça risque de ne pas être facile. La France s'est inscrite dans un arc géostratégique organisé par les États-Unis, reliant la Grande-Bretagne, la Turquie et le Qatar. Traits d'union entre ces acteurs disparates : les intérêts énergétiques, bien sûr, mais aussi l'association des Frères Musulmans.

Libye, 2011 : pure opération de brigandage. Répartition des concessions pétrolières entre les puissances victorieuses. Utilisation cynique des pires terroristes d'al-Qaïda. Confiscation des avoirs libyens au mépris des règles internationales. Les organisateurs de cette saloperie sont les mêmes qui, en France, donnent des leçons de « Droits de l'homme » à leurs opposants politiques populistes.

Même constat en Syrie. Mais dans un contexte géopolitique plus explosif. La Turquie surveille les projets de Kurdistan comme le lait sur le feu. France, Qatar, Iran et Russie poursuivent leurs intérêts énergétiques. La DGSE a conduit des opérations sous couverture dans le conflit syrien. Certaines l'ont amené à opérer des manœuvres agressives contre les services russes.

Influence israélienne : coordination permanente Paris – Tel-Aviv. En retrait tant que les USA s'engageaient, l'État hébreu assume un rôle de boutefeu à partir de 2013. La situation devient illisible. Les alliés d'hier deviennent les ennemis du jour, avant de se rabibocher contre les neutres happés dans le conflit. En Égypte, l'Arabie Saoudite finance le général al-Sissi. Exit Morsi, l'homme des Frères Musulmans et du Qatar. Conflit qataro-saoudien : luttes intestines au cœur du salafisme international. Rapprochements contre-nature tous azimuts : Ryad avec Tel-Aviv, Doha avec Téhéran.

En arrière-plan : les multinationales du pétrole et du gaz, en lutte pour les gisements. Israël, qui soutient les projets de Kurdistan pour enfoncer un coin dans l'axe chiite Téhéran-Bagdad-Damas-Hezbollah. Daesh, le proto-État barbare, probablement une manipulation israélo-américaine qui a mal tourné. Chaos, percussion anarchique des divers niveaux de conflictualité : situation totalement instable.

Et pendant ce temps-là, en Syrie, la France, toutes voiles dehors, au milieu de la tempête géopolitique, au risque de se planter dans une vague. Une classe politique achetée par le Qatar. Un ministre français, Fabius, qui va chercher ses consignes à Tel-Aviv. Très inquiétant. Comme un gamin poids plume qui veut faire le dur dans la cour des grands. Ça va mal finir. Tendance « Euro-salafisme » : sous l'influence des États-Unis et d'Israël, la France a rejoint l'alliance Grande-Bretagne – Frères Musulmans. Risque : être entraîné dans un conflit majeur au Proche-Orient.

*

Macron : Président des riches. Certes. Mais lesquels ?

Brexit : situation complexe pour Paris. Depuis 2010, la France a resserré son alliance avec la Grande-Bretagne. Mais dans le même temps, Paris suit l'Allemagne dans l'Euroland. Macron devra peut-être choisir entre Londres et Berlin.

Quel Brexit ? Le *soft* Brexit maintiendrait le Royaume-Uni dans un statut de membre associé avec l'Union Européenne. Un *hard* Brexit conduit la Grande-Bretagne franchement dehors. Vers une véritable coupure entre la grande île et le continent ? Paris et Francfort espèrent récupérer une partie des activités de la *City of London*. Divorce entre les oligarchies eurolandaises et britanniques ?

L'Allemagne est en train de s'éloigner du monde anglo-saxon. Depuis 1945, Berlin est un satellite fidèle de son protecteur américain. Mais l'élection du *peut-être* protectionniste Trump marquera *peut-être* un tournant.

Les attaques spéculatives lancées contre l'euro ces dernières années ? Pas seulement une affaire de gros sous. Les banques d'affaires agissent en lien avec les États anglo-saxons. L'euro peut contester au dollar sa place centrale dans le système monétaire international.

Une guerre entre alliés ? Avec le système dit des « cinq yeux », les puissances anglophones disposent d'un réseau de captation de l'information électronique à l'échelle planétaire : Australie, Grande-Bretagne, Canada, États-Unis et Nouvelle-Zélande partagent ce système d'écoute. Pourquoi ce réseau n'est-il pas ouvert aux alliés non anglo-saxons ? La *National Security Agency* américaine a écouté le téléphone portable de la chancelière allemande. Elle espionne ouvertement la Banque Centrale Européenne. Tendance « Euro-rupture » : l'alliance germano-américaine va *peut-être* se desserrer.

*

L'Union Européenne est en voie de dislocation. Europe du Sud : rébellion économique, on l'a vu. Mais aussi Europe de l'Est : logique géopolitique et révolte identitaire.

Logique géopolitique : quand Berlin et Washington s'écharpent sur le protectionnisme, la vision allemande de l'Europe n'est plus un prolongement de l'atlantisme. Impérialisme économique allemand et impérialisme militaire américain : en instance de divorce. Les enfants doivent choisir leur parent préféré. Signal faible : en mars 2017, la Pologne annonce son quasi-retrait de l'Eurocorps. Décision liée au renforcement du flanc oriental de l'OTAN.

Révolte identitaire : 2015-2016, crise des migrants, fracture Est-Ouest à l'intérieur de l'Union. Une affaire programmée. Forte proportion d'hommes célibataires au sein des prétendus réfugiés : c'était une invasion. Organisée par qui et pourquoi ? Mystère. Assistance logistique d'Organisations Non Gouvernementales financées par le milliardaire britannique George Soros. La Turquie fait escorter les barques à migrants par sa marine de guerre. Les principales bases de départ sur la côte africaine se trouvent en Libye, pays contrôlé par des groupes salafistes financés par le Qatar. Hypothèse : opération combinée *City of London* – Frères Musulmans.

Peut-être autre chose aussi : pourquoi Merkel a-t-elle ouvert toutes grandes les frontières extérieures et intérieures de l'Union ? Considérations économiques, démographie allemande sinistrée ? Peut-être. Mais c'est douteux : qui peut croire que des Pachtounes analphabètes sont une chance pour l'Allemagne ?

Pas les Allemands, en tout cas. Fin 2015, la Bavière envisage de rétablir unilatéralement ses frontières. D'où la volte-face de Berlin.

Cette affaire des migrants marque un tournant : rébellion ouverte dans certains pays d'Europe de l'Est. Les classes dirigeantes d'Europe de l'Ouest assimilent toute défense de l'homogénéité ethnoculturelle territoriale à une résurgence des logiques nazies. Mais cette diabolisation ne passe pas l'Oder. Même pas l'Elbe en fait, à en juger par la percée du mouvement *Alternativ für Deutschland* dans les *Länder* de l'ancienne Allemagne de l'Est.

Jusqu'ici, l'Europe était divisée entre mondes catholique, protestant et orthodoxe. Cette division religieuse recoupait à peu près la carte linguistique du continent : langues latines, germaniques, slaves. À présent, une nouvelle ligne de fracture se superpose aux anciennes : sociétés postmodernes contre sociétés traditionnelles. La France ex-catholique postmoderne ressemble plus à l'Allemagne ex-protestante postmoderne qu'à la Pologne catholique traditionnelle. Tendance « Dislocation civilisationnelle » : l'Union Européenne diverge sur les projets de société de ses membres occidentaux et orientaux.

*

Pour définir le contexte des années Macron, il faut prendre en compte des phénomènes planétaires, qui vont se décliner dans l'espace de la politique étrangère française.

Pour faire court, on peut relever :

- Tendance « Prolifération étatique » : il y a de plus en plus d'États sur la planète. En Europe, quelques sécessions possibles avant 2022 : Écosse, Flandre, Catalogne.

- Tendance « Faiblesse étatique » : les États sont de plus en plus nombreux, mais aussi de plus en plus faibles. Avec qui Macron discutera-t-il de l'avenir des zones CFA ? Avec les chefs d'État africains ou avec les dirigeants des multinationales ? Si on en juge par les mésaventures de Laurent Gbagbo, Paris n'a aucune envie de défaire le système néocolonial de son pré-carré.

- Tendance « Conflictualité » : de plus en plus de conflits. Entre États. À l'intérieur des États. Voire après les États, dans des zones de non-droit. D'ici 2022, le retour de la guerre en Europe ? Ukraine et Russie ? Grèce et Turquie ? Kosovo, match retour ? Espagne, spécialité guerre civile ? Et l'Afrique du Nord ? Algérie-Maroc ? La Tunisie contaminée par la Libye ? Printemps kabyle, troisième guerre civile algérienne ?

- Tendance « Impuissance multilatérale » : en pratique, l'ONU, le FMI et la Banque Mondiale sont les jouets des grandes puissances, particulièrement des États-Unis. La seule chose à retenir concernant les « machins » multilatéraux, c'est qu'on peut les oublier.

- Tendance « Guerre hors limites » : les frontières entre paix et guerre se brouillent. De nouvelles formes de guerre surgissent au cœur de la paix : attaques financières, cybernétiques, utilisation de proxys terroristes, financement d'opposants, organisation de révolutions colorées. Macron devra choisir s'il recourt à ses méthodes pendant son quinquennat. Beaucoup de théâtres d'opération possibles. L'Algérie en ligne de mire ? Quelle réaction de Paris si Washington muscle sa politique vénézuélienne ?

- Tendance « Abaissement du seuil de la puissance » : les puissances moyennes et même certaines organisations non étatiques peuvent maintenant poursuivre des stratégies du faible au fort. Armes de destruction massive du pauvre, chimiques ou bactériologiques. Capacité des réseaux à proliférer, à essaimer, et donc à annuler l'avantage théorique de la puissance de feu.

Notre monde : une jungle. Le principe de la Loi s'efface devant celui de la Force. Extension du domaine de la lutte géopolitique : au cœur de la disruption contemporaine. Tendance « chaos géopolitique » : à l'intersection des six tendances isolées plus haut.

Tout le monde connaît la phrase du général De Gaulle : « Vers l'Orient compliqué, je volais avec des idées simples. » C'est à ça qu'on reconnaît un grand esprit : sa capacité à ramener les faits, innombrables et contradictoires, à quelques principes logiques. Dominer la disruption, c'est élever son niveau de réflexion jusqu'au point où la réalité retrouve sa cohérence.

Principe génératif derrière la tendance « Chaos géopolitique » : les sphères d'influence. Une dichotomie apparaît entre les États forts et faibles. Les États forts ont les moyens d'organiser leur voisinage pour se préserver du chaos. Les États faibles doivent se reconnaître vassaux pour être protégés – ou accepter de subir la disruption permanente d'un univers chaotique. Tendance « Sphères régionales » : le système international s'adapte par la renégociation de leurs sphères d'influence entre les États-phares.

Pour voir Macron sur le plan géopolitique, il faudra situer son action en termes de définition des sphères d'influence. Il faudra regarder s'il positionne la France en « petite grande puissance » qui constitue sa sphère d'influence, en « grande puissance moyenne » à la remorque des États-Unis, ou s'il rêve d'une superpuissance franco-allemande. Élevons-nous au-dessus des tendances visibles, « Euro-rupture », « Atlantisme français », « Euro-salafisme », etc. Évitons d'avoir le regard attiré par l'illusionniste du mauvais côté de la scène. Gardons les idées claires : esprit de synthèse.

POLITIQUE

Jadis, il y avait deux camps, dont l'opposition structurait le débat politique. À gauche les progressistes, défenseur des classes laborieuses – en France, des hommes aussi différents que Jaurès, Blum et Thorez. À droite, les conservateurs, défenseur des classes possédantes et de la petite bourgeoisie – très divers aussi : Pétain, Pinay, De Gaulle.

Années 50 aux États-Unis, 60 en Europe du Nord, 70 en Europe du Sud : tertiarisation. Apparition des couches moyennes : intégrées dans la consommation de masse, mais cantonnées dans le salariat. Nouvelle classe, nouvelle politique : progressisme de substitution. Les couches moyennes deviennent majoritaires à la fin des Trente Glorieuses : le nouveau progressisme prend le pouvoir. Pas de problème : il est compatible avec le capitalisme. Mieux : il tue le progressisme prolétarien. La deuxième gauche accomplit le rêve de la première droite.

Tendance « Recomposition politique ». Gagnantes : les classes supérieures et les couches moyennes. Perdantes : les classes populaires et une fraction déclassée de la petite-bourgeoisie. Ces *losers* forment la deuxième droite : en France, Front National.

Qui plafonne longtemps vers 15 % des suffrages. Assez pour embêter la première droite, donc pour arranger la deuxième gauche.

Système de leurres, profondément malsain : personne n'est celui qu'il prétend être. Le pouvoir se grime en rébellion. La révolte est travestie en autoritarisme. Mascarade grotesque et sinistre d'une France où le culte du fric ne se cache même plus : les horribles années 90. Retournement général des références politiques, donc culturelles.

Ce système politique mensonger vacille après la crise de 1993 : la classe moyenne inférieure glisse vers la contestation. En cause : un mélange de malaise social et identitaire. 1997 : surprise aux élections législatives. 2002 : Le Pen au deuxième tour. Mais 2007 : le système perdure sous une forme dégradée : sarkozysme, fausse deuxième droite, vraie deuxième gauche avalant la première droite, ultime incarnation du mensonge politique. Le système est moins stable, mais il tient debout.

2007-2017 : la société française continue à sombrer sous les coups de la mondialisation économique, culturelle et migratoire. 2012 : le vote populiste commence à décoller. Il remonte l'échelle sociale au fur et à mesure que la crise rattrape les couches moyennes inférieures. 2017, Front National plus France Insoumise, 40 % des exprimés.

Tendance « Poussée populiste » : dans les démocraties occidentales, le populisme est boosté par la multiplication des perdants de la mondialisation. *Podemos* en Espagne, le Mouvement

5 Etoiles (M5S) en Italie, *Alternativ für Deutschland* (AfD) en Allemagne. Grande-Bretagne : cas particulier. Patriotisme ardent, esprit insulaire, le populisme local a débouché sur le Brexit. Aux États-Unis aussi, la poussée populiste change la donne : Trump.

*

La poussée populiste reste incomprise des segments de la population qui n'y participent pas. En France : la classe moyenne supérieure, les personnes âgées et l'électorat catholique faiblement pratiquant. La classe moyenne supérieure défend ses intérêts bien compris. Les personnes âgées ont une peur panique de la fin de l'euro. Un certain électorat catholique (ou protestant) bien-pensant est enfermé dans une vision moralisatrice des questions politiques. Ces trois groupes forment le noyau dur d'une réaction antipopuliste. Macron : plutôt la classe moyenne supérieure. Fillon : plutôt les personnes âgées – enfin ce que lui a laissé Macron. Hamon ou ce qu'il en reste : l'électorat catho de gauche – quoique Macron a bien mordu dessus.

Cette réaction antipopuliste stabilise pour l'instant le régime français. Sera-t-elle débordée dans quelques années ? Pas certain.

La force de la réaction antipopuliste, c'est qu'elle ne se pense pas comme telle. Dans la tête des macronistes, l'idéologie mise en place dans les années 80-90 est intacte. L'antipopuliste français réagit comme un enfant autiste : à toutes les questions ouvertes, il oppose des réponses fermées. Comment réorganiser la zone euro ? NON ! Comment contrôler les flux migratoires ?

MAL ! Comment sauver l'euro ? BIEN ! Comment faire évoluer la Russie de Poutine ? MAL ! Comment mieux travailler avec Berlin ? OUI !

C'est particulièrement sensible dans la classe moyenne supérieure. Position confortable : le cadre supérieur parisien ne comprend pas que le travailleur précaire vote France Insoumise, parce que le cadre supérieur ne rencontre pas le travailleur précaire. Il ne rencontre et ne comprend pas davantage le banlieusard logé en HLM qui vote Front National.

Cas particulier français : le rôle de la construction européenne dans cet autisme de classe. De l'européisme comme croyance structurante. Délire collectif. On peut bien sûr être favorable au projet européen. Mais ce qui est fou, c'est d'en refuser toute critique par principe. La construction européenne est le seul projet qui reste aux classes supérieures : leur identité projective se confond avec elle. Si elle devait prendre fin, leur être prendrait fin.

Tendance « Réaction antipopuliste » : dans les démocraties occidentales, les catégories non concernées par la poussée populiste s'organisent efficacement pour la contrer. En France, leur point de ralliement spontané est l'acquis européen.

*

On doit reconnaître un point aux classes dirigeantes : notre monde est réellement devenu hyper-complexe. La gestion des États requiert désormais des compétences dont la majorité ignore jusqu'à l'existence. La population ne peut pas comprendre en profondeur certaines composantes du contexte. C'est vrai. Même quand c'est Attali qui le dit.

Face-à-face crispé entre peuple qui ne comprend pas et pouvoir qui explique mal. Pas tellement de contestations violentes. Mais baisse de la participation aux élections. Ignorance mutuelle entre le peuple et la classe dirigeante. Les milieux dirigeants se transforment en castes. Le pouvoir politique redevient héréditaire. Bush fils après Bush père, madame Clinton après monsieur Clinton. François Hollande, à la ville le compagnon de Ségolène Royal. Même dans un parti populiste, la préférence familiale s'impose : Marine Le Pen.

Quand ce n'est pas la famille, ce sont les hommes de cabinet. Les technocrates d'administration centrale trustent les postes à responsabilité, au détriment des hommes de terrain. Villepin et Macron ont un point commun : une carrière politique sans élection locale. Le pouvoir se referme sur lui-même.

Tendance « Crispation » : dans les démocraties occidentales, la classe dirigeante et la population forment des mondes distincts. Macron assume : « élu, c'est un cursus d'un ancien temps. » Cash, le mec.

*

Pouvoir autiste, société rétive : diviser pour régner. Schéma bien connu : le pouvoir affecte de défendre l'unité du corps social. Mais il la fracture. Puis la reconstruit contre un bouc émissaire. Vieux comme le monde, mais ça marche.

Tensions culturelles, politiques, économiques, ethno-raciales, religieuses et sécuritaires : faites votre choix. On peut aussi créer des appartenances fictives. D'où les mouvements de jeunes. À quoi sert un rebelle sans cause ? À faire oublier les causes. Blousons noirs des années 50-60, punks et skinheads dans les années 70-80. Désormais racaille et rap. Créateurs du désordre qui fait désirer l'ordre.

Souvent une stratégie de la tension consiste à ne pas agir. C'est pourquoi elle est difficile à prouver. Déficit de moyens dans la Police Nationale ? Calculé. Idéologie laxiste du Syndicat de la Magistrature ? Tolérée. On laisse faire. De l'argent pour la protection des hautes personnalités. Mais pas de crédits pour lutter contre le trafic de drogues. Le cannabis est aussi nécessaire à l'économie de l'allié marocain qu'à la paix sociale dans les banlieues françaises. Tendance « Délinquance » : les racailles d'en bas sont les alliés objectifs des racailles d'en haut.

Le ghetto, la communautarisation : autre méthode de contrôle par la division. En France : longtemps impensable. Une logique étrangère au génie de notre pays. Plus maintenant : le modèle assimilationniste a explosé dans les années 70. Politique française de ces dernières décennies : contraindre des générations entières à faire semblant de s'assimiler – on appelait ça l'intégration. Résultat : remise en cause permanente des normes de la société d'accueil par des immigrés mal dans leur peau.

Réaction du pouvoir : catastrophique. Nier les spécificités de la culture indigène pour gommer tout ce qui distingue l'Autre du

Même. On espère qu'ainsi, l'Autre deviendra le Même. Erreur. Il ne reste qu'une juxtaposition d'êtres qui se pensent autres. Erreur qui arrange le pouvoir. Diviser pour régner, toujours.

La République devient grotesque. Elle reconnaît le Conseil Représentatif des Associations Noires, mais interdit l'usage juridique du mot race. Le Blanc et le Noir n'existent pas, sauf le Noir. Absurde. L'antiracisme rend fou.

Ici ou là, des idiots contribuent au désastre par calcul électoraliste minable. Les classes supérieures ne comprennent rien à la réalité de ce qui se passe dans les banlieues. Dans le monde de la tradition, la force du groupe se construit par sa maîtrise des femmes. C'est un monde viril, brutal. À long terme, si on laisse s'installer des cultures de ce type sur le sol français, ce sera la partition, puis la guerre. Mais peu importe, du moment que le député Machin est réélu. Pourtant, le maillage territorial du renseignement français est excellent. L'information est captée, elle remonte. La classe dirigeante ne peut pas plaider l'ignorance : trahison. Tendance « Mosquées » : la classe politique française joue le communautarisme pour se construire des créneaux électoraux.

Machiavélisme au petit pied de quelques césars de sous-préfecture ? Tendance « euro-salafisme » des politiciens accros aux largesses qataries ? Stratégie de la tension ? Pas seulement. La lâcheté aussi. Une lâcheté collective : dans le milieu politique français, il ne faut pas parler des sujets qui fâchent. Qui fait preuve de courage est suspect de vouloir briser le conformisme. C'est comme ça qu'on fout sa carrière en l'air.

Il y a pire. Pendant des années, les salafistes ont recruté dans les prisons françaises. On a laissé faire. Seulement parce que les services policiers et pénitentiaires ont des problèmes de coordination récurrents ? Ou bien pour envoyer des djihadistes en Syrie, contre Assad ? Quand un État instrumentalise des réseaux terroristes, il passe un accord avec leurs dirigeants : « Nous vous soutenons. En échange, vous combattez nos ennemis. Et vous vous engagez à ne pas sévir sur notre territoire. » Calcul risqué. Depuis 2012, plus de mille « Français » sont partis en Syrie faire le Jihad. Beaucoup reviennent. On ne les contrôlera pas forcément. On ne voudra pas forcément. Rappel : 2015, attentats, état d'urgence. Tendance « Tension » : les dirigeants occidentaux peuvent un jour utiliser les djihadistes pour déclencher une séquence aboutissant à l'établissement d'une dictature.

Macron est l'homme de la réaction antipopuliste. Il suffit de l'écouter parler des pauvres : « fainéants » qui « foutent le bordel », « illettrées » inemployables – mépris de classe, le retour. Il s'adressera donc à sa France : celle des classes supérieure et moyenne supérieure. Il ne faudra pas s'arrêter à sa communication. Il faudra étudier ses actes, pas ses discours. Sa politique sociale en elle-même, pas la justification officielle de cette politique.

Surtout, il faudra se demander jusqu'où il est prêt à aller dans les tendances « Délinquance », « Mosquées » et « Tension ». Ce sera un indicateur avancé de la politique qu'il est chargé de mettre en œuvre.

CULTURE

La génération née après 1945 a grandi avec le transistor. Ses enfants ont été élevés par la télévision. Les générations suivantes vivent dans un monde où l'indécence devient la norme. La jeunesse ne peut pas mûrir comme elle le faisait jadis, entre les choses, les êtres et les idées. Les images et les sons ont tout envahi. L'humanité a désappris la construction paisible de l'esprit par lui-même. Tendance « Infantilisation » : dans les pays développés, rester un adolescent toute sa vie est en passe de devenir la norme.

Cette régression psychique se double d'un phénomène distinct d'une très grande portée. Tendance « Inversion de l'effet Flynn » : dans les pays d'Europe occidentale et d'Amérique du Nord, le quotient intellectuel (QI) moyen est désormais en train de diminuer.

On a observé une augmentation des résultats moyens aux tests de QI pendant le XXe siècle. Cette augmentation a été obtenue en partie par la scolarisation. Mais le QI moyen des enfants d'âge préscolaire a aussi augmenté. La raison ? Probablement l'alimentation en bas âge, bien meilleure.

La nourriture donnée aux petits enfants n'a pas changé ces dernières années. La scolarisation n'a pas régressé. Et pourtant, après des décennies d'augmentation, le QI moyen diminue dans plusieurs grands pays occidentaux.

Cinq explications sont avancées : les perturbateurs endocriniens, l'usage intensif des appareils électroniques, les carences d'une institution scolaire incapable d'imposer la discipline, l'immigration de populations venues de pays à faible QI moyen, la fertilité plus grande des femmes les moins éduquées. À ce stade, il n'est pas possible de hiérarchiser ces causes. Tout ce qu'on sait, c'est que les résultats diminuent aux tests de QI.

Prudence, donc, sur l'élévation du niveau éducatif moyen en Occident. En théorie, toujours plus de diplômés. Mais que valent réellement ces diplômes ?

Les études supérieures éclatent en trois groupes. Quelques formations sélectives garantissent un emploi à forte technicité. D'autres cursus prétendument d'excellence, moyennement sélectifs mais coûteux, assurent la conformité et donc l'employabilité de leurs titulaires. Des formations parkings sans débouchés ferment la marche. Leur seule utilité concrète est de faire baisser les statistiques du chômage.

Ce système éducatif en trompe-l'œil n'est conçu ni pour l'instruction des enfants du peuple, ni pour l'économie productive.

C'est un dispositif annexe de la domination politico-économique des classes supérieures et moyennes supérieures. Les filières prétendument d'excellence servent à pérenniser un type humain adapté à cette domination : le cadre conformiste, persuadé de sa supériorité sur des subordonnés moins diplômés que lui. Les filières parking constituent une escroquerie pure et simple. Elles contribuent fortement à la désespérance de la jeunesse. Tendance « Tableau noir » : il y a une crise très profonde des processus éducatifs dans les pays développés.

Pas de bla-bla. Tendances « Infantilisation », « Inversion de l'effet Flynn », « Tableau noir » : nous assistons à une dégradation anthropologique en Occident. Le monde enfanté par le progrès n'engendre pas des hommes meilleurs. Il fabrique au contraire des spécimens de moindre performance. Le progrès engendre une humanité incapable de le poursuivre. Aporie.

*

Autre tendance culturelle discernable : l'éclatement de l'infosphère. La télévision et la radio avaient unifié l'espace mental collectif des sociétés développées. Internet redécoupe.

D'un côté l'espace unifié des téléspectateurs. De l'autre, des espaces partagés par telle ou telle catégorie d'internautes. Pour l'instant, les téléspectateurs sont majoritaires. Mais leur prépondérance est grignotée petit à petit par le monde des internautes. Tendance « Rébellion Web » : Internet booste les sous-cultures. Enjeu politique majeur. Aux USA, la campagne de Trump a reposé sur l'infosphère distribuée. En France, à l'inverse, l'élection de Macron a démontré la prépondérance des médias. Où en seront les deux infosphères françaises dans cinq ans ?

L'éclatement de l'espace mental collectif n'est pas dû qu'au Net. Il y a des raisons plus profondes. Les citoyens des pays occidentaux sont désormais étrangers les uns aux autres. Une partie non négligeable des néo-Français n'est pas héritière des fondamentaux culturels européens. Nous avons toujours dans le pays des gens qui ont grandi dans la famille européenne, l'ordre républicain et la culture livresque. Mais nous avons aussi des gens inscrits dans les structures tribolinéaires africaines, qui survivent dans des zones de non-droit et se passionnent pour les jeux vidéo. Tendance « Sécession culturelle » : dans les démocraties occidentales, c'est par abus de langage qu'on parle encore de peuple au singulier.

*

Au-dessus de la mêlée indistincte des minorités et des individus désaffiliés, il existe pourtant une culture dite « dominante ». Ce n'est en réalité que la culture sponsorisée par les classes dominantes. Tendance « Retournement » : cette culture promeut une inversion des normes contraire au bon sens.

Constante historique : lorsqu'une civilisation souffre d'épuisement vital, elle inverse les hiérarchies naturelles. Les normes sont les instruments de la perpétuation d'une culture. Une culture épuisée les retourne : inconsciemment, ses porteurs *veulent* disparaître.

Une culture déterminée à se perpétuer valorise les vertus respectives de chaque sexe. Elle infuse un esprit martial aux hommes et éduque les filles en vue d'en faire de bonnes mères. On peut trouver ça horrible si on veut. Horrible ou pas, c'est encore ce qui se passe en Afrique, dans le monde musulman, en Inde, en Chine. Chez nous, la culture dominante fait exactement le contraire. On réprime l'esprit martial chez les hommes et on détourne les femmes de leur vocation naturelle de mère.

Le même syndrome d'inversion vaut dans à peu près tous les domaines. L'Europe contemporaine est le lieu improbable où les enfants sont supposés éduquer les parents, les élèves enseigner aux professeurs, les adolescents attardés surclasser les plus grands génies musicaux ou littéraires, les plugs géants gonflables constituer des œuvres d'art, les travestis barbus devenir des sex-symbols, etc.

Les classes dirigeantes européennes veulent promouvoir cette culture inversée partout dans le monde. Étendre le marché par conquête sociétale, bien sûr. Mais le reste du monde n'avale pas la potion. Pour qui voit les choses depuis Pékin, New Delhi ou Téhéran, l'Europe est un objet de risée. Tendance « Désoccidentalisation » : aux yeux d'une grande partie du monde, l'Europe est porteuse d'une culture de mort. Les USA ne sont pas loin derrière.

Divergence croissance entre la dynamique religieuse de l'Europe et celle du reste du monde. Le taux de pratique religieuse ne baisse pas dans le monde. Dieu n'est qu'une hypothèse, mais comme cette hypothèse pousse les gens à se reproduire, elle rassemble structurellement la majorité de l'humanité. Tendance « Retour du religieux » : l'Europe est le seul continent où la pratique religieuse recule significativement.

Certains Européens s'en félicitent. Nous serions devenus trop sophistiqués pour nous soumettre aux prêches et aux dogmes. On aimerait bien être d'accord. Mais nos contemporains ont échappé aux clergés religieux pour se soumettre aux clergés médiatiques. Alors on relativise le progrès. Ce qui s'impose sur les ruines de l'Église, c'est l'anomie.

Tendance « Crise du sens » : nos sociétés accumulent le codage de l'information et le surcodage de ce codage. Ce processus auto-alimenté diffère l'instant de la prise de conscience. C'est pourquoi on verra nos classes dirigeantes avancer avec conviction aussi loin que possible. Leur activisme sert d'alibi à leur égarement.

Le grand secret de l'Occident contemporain : il n'a plus de *raisons* d'agir. Quelque chose au fond de son âme s'est brisé. Comme une voûte sans clef de voûte, il tombe sur lui-même.

Toutes les cultures humaines ont admis le principe sacrificiel. L'individu devait se sacrifier à sa famille, à sa patrie : à ses descendants. D'où le culte des ancêtres et la consécration religieuse de l'instinct de reproduction.

Or, à partir des années 60 en Occident, on a construit la société sur la *négation* du principe sacrificiel. Rupture avec l'anthropologie sous-jacente à toute culture. En réalité, l'Occident contemporain n'a plus de culture. On a parlé de contre-culture : ça n'a pas duré. L'Occident contemporain n'a qu'une *anticulture*.

On remet en cause la prétendue libération des années 60-70. Tendance « Retour à la tradition » ? Bien tenté, mais ça ne marche pas. Comment recréer ce qui a été brisé ? La vérité est que nous hésitons devant la conclusion qui pourtant s'impose : il faut mourir pour renaître. Tendance « Paroxysme » : l'Occident est une civilisation *suicidaire*.

*

Macron n'a aucune prise sur les tendances culturelles profondes. Il ne peut pas les modifier. À peine les infléchir.

Mais il a très bien su utiliser la crise culturelle. Nous l'avons tous entendu hurler : « C'est notre projet ! » Qu'est-ce que ça voulait dire, cette hystérie ? C'était quoi, le projet ?

Macron, candidat de la réaction antipopuliste, la transmue symboliquement en dynamique. L'important n'est pas d'avoir un projet. L'important est de dire qu'on en a un. Si les électeurs de Macron se voyaient tels qu'ils sont, ils se détesteraient. Tant qu'ils peuvent croire qu'ils défendent un projet de civilisation, ça va. Ils regardent devant eux, ça leur évite de se contempler.

Tendances « Crise du sens » et « Paroxysme » : quête éperdue d'une transfiguration indéfinissable. Ésotérisme dans la campagne de Macron ? Son discours de victoire, la cour du Louvre, la pyramide. Aux dires des connaisseurs : un cérémonial maçonnique.

Le macronisme n'est pas un rationalisme. Question : comment ses adeptes réagiront-ils à son échec ? Les France populiste et antipopuliste sont d'abord passées de l'ignorance au mépris. Maintenant, c'est la haine.

Attention : Macron a un côté violent. Ce type a qualifié son opposition de « foyer infectieux », imposé un mandat impératif à ses députés, engueulé le chef d'état-major des armées, expliqué que « la politique c'est mystique », prôné une présidence « jupitérienne », jugé que la France était « en deuil d'un roi ». Le dossier est chargé.

Personne ne sait à quel niveau de violence Macron peut monter. Apparemment, il croit ce qu'il dit. C'est inquiétant : d'après Mirabeau, c'était aussi le cas de Robespierre. Méfiance.

QUELQUES SIGNAUX D'ACTUALITÉ SUR LE CONTEXTE GLOBAL

Septembre 2017. Les marchés financiers sont calmes. Volatilité faible. Rien de rassurant : les marchés étaient très calmes début 2007. On connaît la suite.

En cas de crise financière, le système bancaire européen tiendra-t-il le choc ? Les *stress tests* européens sont conçus pour détecter les faillites latentes dans un environnement stable. On a repéré la *Banca Monte dei Paschi di Siena*, mais c'était facile : une *bad bank*. On n'a pas testé ce qui se passerait si les marchés craquaient profondément. Vu les effets de levier pratiqués par les banques, si ça craque en un point, tout le système saute. Et il y a quantités de points par où ça peut craquer. On n'a pas parlé jusqu'ici du Canada, de l'Australie, de toutes ces périphéries dont peut partir le choc initial, qui ferait sauter la chaîne des fragilités, jusqu'en Europe.

Les autorités se préparent à faire face. Les règles ont changé. La régulation a progressé – mais hélas moins vite que la « créativité comptable ». Surtout, en cas de faillite bancaire, les dépôts des clients seront saisis. On appelle ça le *bail in*, par opposition au *bail out*, dans lequel on fait régler l'addition par le contribuable. En théorie, les petits dépôts seront protégés. Mais en pratique, nécessité risque de faire loi. On ne va pas se noyer dans les détails : signal *bail in*, les autorités se préparent à gérer une crise bancaire majeure. En ligne de mire : les épargnants.

Crainte principale : nouvelle crise de confiance sur les dettes publiques. On voit très bien comment la zone euro pourrait exploser. Un pays d'Europe du Sud, disons l'Italie, vacille sur le plan politique : ses taux d'intérêt s'envolent. Avec un ratio dette publique/PIB supérieur à 100 %, la hausse des taux est insupportable. La méfiance des investisseurs vaut prophétie auto-réalisatrice. La BCE est appelée au secours : *Quantitative Easing* exigé. Problème, les Allemands s'y opposent. L'Italie fait défaut. Rome émet une nouvelle monnaie pour payer les fonctionnaires. L'Italie sort de l'euro.

Il y d'autres risques. La Catalogne en sécession ? La Flandre indépendante ? Quid des dettes publiques espagnoles et belges ?

Les technocrates européens réfléchissent à des parades innovantes. Ces gens-là ont une remarquable capacité à empiler les usines à gaz. L'émission d'obligations de la zone euro semble exclue : les Allemands ne veulent pas en entendre parler. Mais la Commission a suggéré des « véhicules de titrisation des dettes des États membres ». Ces « véhicules » seraient administrés par un organisme européen. Mutualisation des risques de défaut, sans mutualisation des dettes : génial. Un support « senior », réputé sans risque, et un support « junior », risqué mais offrant une prime. En cas de défaut, perte imputée au support « junior » : risque exporté vers les détenteurs de ces obligations. Avec trop d'argent qui cherche des actifs rentables trop rares, il y aura des clients. La poussière soulevée par l'effondrement de l'usine à gaz du dessous sert de carburant à l'usine à gaz du dessus. Le rapport avec la mission normale des marchés, financer l'activité, est pour le moins ténu. Mais dans le genre gestion de l'ingérable, c'est très fort. Chapeau.

Dans l'Union Européenne, il y a les règles théoriques, et puis il y a la pratique. En 2017, les règles de l'Union bancaire auraient voulu que la faillite de la *Banca Monte dei Piaschi di Siena* donnât lieu à un *bail in*. Mais l'État italien a consenti un *bail out*. Pourquoi ? Parce que !

L'Union Européenne a tendance à se réduire à sa technostructure. Comme projet politique, elle est évanescente. Deux pôles de puissance se sont constitués. D'un côté, des institutions bureaucratiques centralisatrices, Commission et Banque Centrale. De l'autre, des institutions interétatiques, Eurogroupe et Conseil Européen. Le premier pôle donne l'illusion de la primauté. En réalité, les États-nations lui confient le rôle de père Fouettard. Les décisions économiques sont prises par l'Eurogroupe : renégociation permanente entre États égoïstes.

L'Union Européenne ne tient plus que par l'Allemagne, qui paye. Parce qu'elle y trouve son intérêt : si l'Union explose, l'euro disparaît. Si l'euro disparaît, le mark s'envole : coup dur pour les exportations. Alors Berlin maintient le système.

Pour combien de temps ? L'Allemagne est un tigre économique de papier. L'excédent commercial ? Une faiblesse : une économie fondée sur les exportations, avec un Président des États-Unis protectionniste, une Chine en décélération, une Russie sous sanctions ? Hum. Le plein emploi : des millions de mini-jobs sous-payés. L'équilibre des comptes publics ? D'accord. Mais si on parlait des infrastructures dégradées ?

Les élections législatives de septembre 2017 ont fragilisé Merkel. L'*AfD* anti-euro est entrée au Bundestag. Le SPD européiste s'est effondré. Merkel va devoir former une coalition avec les Verts et les libéraux du FDP, peu compatibles. Le FDP n'est pas anti-euro. Mais il n'est pas non plus pro-euro. Signal « Bundestag » : dans les années qui viennent, Berlin ne sacrifiera pas ses intérêts.

*

La tendance « prolifération étatique » n'est pas spécifique à l'Union Européenne. Certains États américains s'éloignent de l'État fédéral. Depuis l'élection de Trump, la Californie se comporte comme si elle préparait son indépendance. Un mouvement néo-sécessionniste monte au Texas. Le sénateur Bloomberg anime un réseau de villes intégrées dans l'accord de Paris, que Trump dénonce.

En général, un système menacé d'explosion se cherche des combats extérieurs. Voté par le Congrès fin juillet 2017, le *Countering America's adversaries through sanctions Act* impose à Trump des sanctions contre l'Iran, la Russie et la Corée du Nord. Ce texte officialise les dissensions entre la Maison Blanche et *l'establishment* politique de Washington. L'affrontement dépasse les clivages traditionnels. Le refus de voter cette loi a réuni le républicain Paul et le démocrate Sanders. Le parti de la paix contre celui de la guerre.

Cette fracture ramifie à travers les classes dirigeantes des alliés. Le *Countering America's adversaries through sanctions Act* impose des restrictions aux entreprises non américaines travaillant avec l'Iran, la Russie ou la Corée du Nord. Dur pour l'Allemagne : bientôt privée de gaz russe ? À Berlin, l'agressivité américaine élargit le fossé entre atlantistes et partisans de l'Ostpolitik. Signal « *Countering America's adversaries* » : les élites occidentales sont proches d'un *climax* en politique étrangère.

Impossible de prévoir ce que va faire Trump. Il ne prévient jamais, il préfère surprendre. Et puis sa politique sera déterminée par l'évolution erratique des rapports de force à l'intérieur des oligarchies étatsuniennes. L'opposition frontale entre capitalisme bancaire mondialisé et capitalisme industriel américain se complique de nombreuses lignes de fractures. Il y a des bureaucraties rivales, des groupes ethniques rivaux, des réseaux financiers et entrepreneuriaux en compétition.

Le tropisme impérialiste étatsunien est une constante : il faut sauver le dollar. Pour rallier au moins une partie du complexe militaro-industriel, Trump devra prouver qu'il peut y arriver. Il a parfois été présenté comme un isolationniste : c'est une ânerie. Quel Président isolationniste commencerait par augmenter le budget déjà hypertrophié du Pentagone ?

Les frappes américaines en Syrie l'ont prouvé : quand Trump est acculé sur le terrain intérieur, il reprend la main par une démonstration de force à l'extérieur. Ce Président-là agit pour dérouter. En Syrie : contrepied infligé aux adversaires intérieurs. Impact militaire insignifiant. Signal « Khan Cheikhun » : Trump est enfermé dans l'impérialisme américain, que ça lui plaise ou non.

Les crises récentes en Birmanie et en Corée du Nord ne sont pas spontanées. Trump veut renégocier le partage de la valeur dans le commerce bilatéral sino-étatsunien. Son projet s'adosse très bien au pivot vers l'Asie annoncé par Obama. Le monde de Trump ne sera pas pacifique. D'où une troisième incertitude majeure, après le resserrement monétaire et l'explosion de la zone euro : vers une ou plusieurs grandes guerres avant 2022 ?

Trump offre des opportunités paradoxales à ses adversaires. Son administration constitue une carte de dé-faussement pour l'oligarchie bancaire. Si la Réserve Fédérale doit purger le système avec un krach, ce sera dans les deux ans précédant l'élection présidentielle 2020. Un désastre économique entraînerait l'impopularité du Président sortant. Son successeur repartirait sur des bases assainies.

La Réserve Fédérale peut aider Trump – ou pas. Le déficit budgétaire va exploser : baisses d'impôts et relance par la dépense publique. Si la FED n'accompagne pas la démarche, les taux américains remonteront, le dollar partira à la hausse – d'où une contraction des exportations et une hausse des importations :

échec programmé pour Trump. Il est vital que les politiques gouvernementales et bancaires soient coordonnées.

Signal « Stanley Fisher » : démission récente du numéro deux de la Réserve Fédérale. Ça chauffe entre l'administration Trump et les milieux bancaires. Cet ancien gouverneur de la banque centrale d'Israël prônait le resserrement monétaire. Sa chute annonce une tentative de mise sous contrôle de la Réserve Fédérale. Si elle échoue, Trump est mal barré.

QUELQUES SIGNAUX D'ACTUALITÉ SUR LE CONTEXTE FRANÇAIS

La France n'est plus un pays indépendant. Sa politique étrangère est définie entre Washington, Londres, Bruxelles-OTAN et Tel-Aviv. Sa politique économique est décidée à Berlin. Sa législation est dictée par la Commission Européenne. En pratique, la marge de manœuvre de Macron sera très faible. Vu la situation financière dont il hérite, il n'aura pas le choix : il va cogner dur. La dette publique, c'est de l'impôt différé : on va s'en rendre compte.

Cahier des charges :

1. Garantir l'équilibre budgétaire pour renforcer la crédibilité de la France en Europe – d'où les coupes budgétaires récentes.
2. Suivre l'agenda défini au niveau européen – d'où la réforme du Code du Travail.
3. Limiter l'impact de l'austérité sur les banques – d'où des réformes fiscales ciblées : faire payer le sauvetage des marchés financiers par la fortune immobilière.

Prévisible tentative d'*austérité habile*. Haro sur les petits riches ! Le macronisme réel va décevoir les électeurs du macronisme rêvé. Soutiens de la réaction antipopuliste, les retraités aisés et les classes moyennes supérieures ont voté Macron en 2017. Ces gens-là vont pourtant faire les frais d'une politique au service des hyper-riches. Forcément : il n'y a plus rien à prendre aux pauvres, ils sont rincés ! Signal « Fiscalité » : l'implosion électorale du macronisme est déjà « en marche ».

*

En politique étrangère, à ce stade, Emmanuel Macron a surtout géré sa communication. La France est mieux représentée par lui que par Hollande ou Sarkozy.

Mais à part sa communication, le nouveau Président n'a pas géré grand-chose. Le macronisme n'a pas de substance géostratégique. Il se résume à quelques idées générales assez nébuleuses.

Macron est plus prudent que son prédécesseur au Proche-Orient et dans le monde arabe. Il a annoncé une conférence sur le financement du terrorisme début 2018. Il s'est proposé pour une médiation entre Ryad et Doha. Il a manifesté un soutien ferme à la monarchie marocaine. Il se dit favorable à une solution à deux États dans le conflit israélo-palestinien. Tout ça n'engage à rien. En Syrie, l'équipe Macron a tenté de renouer avec la République Arabe. Mais Damas n'est pas disposée à oublier les exactions françaises. Le ministre des Affaires étrangères a donc été chargé d'incarner une ligne dure. Pas malhabile.

À ce stade, Macron positionne la France en puissance opportuniste, prête à négocier tous azimuts. Il ne faut pas y voir un retour à la politique d'équilibre gaullienne. Les premiers pas de l'actuel locataire de l'Élysée font hélas penser à ceux de Nicolas Sarkozy en 2007. Méfiance. Il faut regarder là où l'illusionniste n'attire pas notre regard : que se passe-t-il au Quai d'Orsay ? Quel diplomate est nommé où ? À surveiller.

Le nouveau Président veut fondre la France dans un super-État européen. Au moins, il est franc. Objectif assumé : une hypothétique « souveraineté européenne ».

Ce projet n'a rien de scandaleux. On peut vouloir la souveraineté européenne. Pourquoi pas ?

Le problème, comme souvent avec Macron, c'est qu'il y aura loin de la coupe aux lèvres. Il faudrait faire accepter des renoncements budgétaires aux Allemands. Signal « Bundestag » : ça ne se fera pas. La souveraineté européenne : un projet mort-né.

Pas de problème, notre nouveau Président nous offre un grand discours sur l'Europe, à la Sorbonne, en septembre 2017. Forcément évasif sur la question du budget européen, il n'a pas soufflé mot d'une éventuelle mutualisation des dettes. Mais ça ne l'a pas empêché d'en rajouter sur l'européisme.

À quoi rime le projet de super-État européen, si on n'ose même pas évoquer la mutualisation des dettes ? Il est temps de se demander de quoi Macron est le nom. Il n'y a pas de peuple européen. Donc la construction de la souveraineté européenne passera par le découplage entre le principe de souveraineté et les peuples. En d'autres termes : la destruction de la démocratie.

Et si cette incidence était le véritable projet ? Peut-être un projet inconscient d'ailleurs. Macron parle de consultations citoyennes. Comprendre que le suffrage populaire est consultatif, donc non décisionnel. Signal « Sorbonne » : le cœur du projet politique de Macron est le remplacement des démocraties nationales européennes par un régime oligarchique continental. C'est une entreprise d'asservissement du peuple. Tout le reste, c'est du bla-bla.

D'où les projets de fusion Alstom-Siemens et BNP-Commerzbank. D'où le ralliement de Paris au projet d'avion de combat germano-espagnol. D'où l'évocation insistante d'une future défense européenne intégrée. Compression du budget de l'armée française, démission du chef d'état-major, le général Pierre de Villiers : ça n'arrive pas par hasard. Signal « Alstom » : la priorité de Macron est la dilution des structures française dans des structures européennes.

*

Signaux « Fiscalité », « Sorbonne », « Alstom » : l'implosion du macronisme risque d'être rapide. Plus dure sera la chute. La République en Marche se réduira probablement dans quelques années à son socle électoral profond : une fraction des classes supérieure et moyenne supérieure. Pas grand-monde. Le locataire de l'Élysée aura du mal à faire prolonger son bail en

2022. Signal « Sénatoriales » : La défaite très sèche aux élections sénatoriales de septembre 2017 constitue un premier avertissement.

Il va falloir trouver des macronistes de rechange. Où peut-on les dégoter ? Il y a les votes communautaires. C'est dans l'ADN de la République en Marche. En 2012, Hollande avait capté le vote musulman. En 2017, Hamon a dû le partager avec Macron.

Ce vote communautaire passe pour l'instant inaperçu parce qu'il se manifeste au niveau local. Il faut scruter les résultats par bureau de vote pour mesurer la libanisation électorale. Mais pas de naïveté : quand Macron s'en prend à la « laïcité revancharde », c'est par calcul. Signal « Communautarisme » : quand les européistes auront perdu la classe moyenne, ils iront chercher des électorats ethniques.

Au besoin, on fabriquera ces électorats. Il existe une extrême droite qui déteste Marine Le Pen. Elle peut servir à repousser les populations immigrées vers le pouvoir. Robert Ménard et ses amis appellent à « oser la droite ». Ils sont plutôt flous sur la question européenne. Vers une nouvelle droite européiste anti-immigration ?

À l'autre extrême du spectre politique, le trajet de la Syriza grecque interpelle. Cette formation populiste sous contrôle aura canalisé la révolte populaire et préservé le pouvoir financier. Tiens, tiens, en France, aujourd'hui, France Insoumise reste floue sur la question de l'euro. Signal « Ménard - Syriza » : les réseaux oligarchiques travaillent probablement en sous-main à l'incubation d'oppositions sur mesure.

Et si ça ne suffit pas ? Le vrai risque, c'est la suspension de la démocratie à la faveur de troubles provoqués. Rappel, Valls, 2015 : attentats, état d'urgence, restriction des libertés. Demain, Macron ?

Campagne présidentielle 2017. Début février, à Aulnay-sous-Bois, arrestation d'un monsieur Théodore Luhaka. Bavure policière présumée. Hollande se rend au chevet de la victime. Mouvement de protestation pacifique local. Transformé en émeute par des agents provocateurs antifas. Contamination à travers les banlieues allogènes. Un test, pour savoir à quelle vitesse une vague d'émeutes se répandraient dans les conditions particulières de l'année 2017 ? Pour mémoire : à ce moment-là, on ne savait pas comment les élections allaient tourner.

Paranoïa ? Pas tant que ça. Quelques semaines plus tard. 17 mai, Le Pen *out*. *Le Nouvel Observateur* révèle ce qui se serait passé si elle avait gagné. Plan défini en haut lieu pour « sauver la République » : chaos généralisé, Cazeneuve ne remet pas sa démission, législatives sous contrôle. Signal « Affaire Théo » : certains acteurs peuvent envisager une stratégie de la tension à grande échelle.

Le grand risque : que la manipulation échappe aux manipulateurs.

L'île de Saint-Martin se situe dans les Antilles. Environ 35 000 habitants. Septembre 2017, ouragan Irma. Les météorologues ont prévenu : exceptionnel. Préparation par les autorités françaises : trop peu, trop tard.

Après la catastrophe climatique, la catastrophe sanitaire : plus d'eau potable, plus d'infrastructures médicales. Puis vient le désastre sécuritaire. La partie hollandaise de l'île est plus sécurisée : les bandes criminelles se reportent sur la partie française. Les voyous s'en prennent surtout à la population blanche. Des milices d'autodéfense se constituent. Dans une société multiraciale multiculturelle, dès que l'autorité faiblit, c'est le chaos. Signal « Irma » : en cas d'événement exceptionnel, la situation sécuritaire pourrait se dégrader très rapidement.

INCERTITUDES ET SCÉNARIOS

On résume. Trois incertitudes majeures :

- Vers un resserrement monétaire brutal ?
- La zone euro va-t-elle exploser ?
- Vers une ou plusieurs grandes guerres avant 2022 ?

Précisons. Resserrement monétaire brutal : qui provoque un krach majeur. Pour la zone euro, l'explosion de la zone peut déboucher sur sa refondation. Donc explosion de l'euro ne veut pas forcément dire disparition de l'euro. Qui plus est, la fin de l'euro n'entraînerait pas forcément la dislocation de l'Union Européenne – même si celle-ci devrait être repensée. Pour les guerres, il peut y en avoir de plusieurs types. Disons qu'on parle des conflits qui changent le monde.

Par combinaison, ces trois incertitudes construisent $2^3 = 8$ scénarios.

La probabilité de chaque scénario peut être évaluée.

Admettons :

- Resserrement monétaire : 20 % de chances pour qu'il soit brutal, 80 % de chances pour qu'il soit prudent.
- Zone euro : 60 % de chances pour qu'elle soit maintenue jusqu'en 2022, 40 % de chances pour qu'elle explose d'ici là.
- Guerre : seulement 10 % de chances pour que ça tourne vraiment très mal. Optimisme, quand tu nous tiens.

Ces probabilités sont évidemment pifométriques et contestables. Ça donne une idée, c'est tout.

D'où les scénarios :

Scénarios	Guerre ou Paix ?	Resserrement monétaire	Zone euro ?	Proba
1. La mort douce	Paix	Prudent	Maintien	43,2 %
2. Euro 2.0	Paix	Prudent	Explosion	28,8 %
3. La grande spoliation	Paix	Brutal	Maintien	10,8 %
4. Le printemps italien	Paix	Brutal	Explosion	7,2 %
5. Mourir pour Riga	Guerre	Prudent	Maintien	4,8 %
6. Le dérapage incontrôlé	Guerre	Prudent	Explosion	3,2 %
7. La découverte de l'Europe	Guerre	Brutal	Maintien	1,2 %
8. La Troisième Guerre mondiale	Guerre	Brutal	Explosion	0,8 %

À présent, le moment créatif. On a des hypothèses sur les incertitudes majeures. Après, on invente, on se la joue *jazz*, tendance improvisation libre. On imagine huit histoires de France entre

2017 et 2022. Priorité : les quatre premiers scénarios, les plus probables. Mais on explore aussi les quatre derniers, pour voir où ils mènent.

Soyons clair : les histoires de France qu'on va se raconter maintenant ne sont que des exemples. Chacune des huit configurations ci-dessus ouvre la porte à des centaines de scénarios possibles. Mais c'est toujours utile de faire marcher son imagination. Ça permet de penser le système en dynamique.

SCÉNARIO 1

✓

« LA MORT DOUCE »

Dans ce scénario, aucun cygne noir ne vient perturber le pilotage des milieux dirigeants. Les oligarchies US trouvent un compromis. La zone euro n'explose pas. Il n'y a pas de grande guerre. Pas de déraillement. Le train macroniste arrive à destination.

Fin 2017, après une période d'affrontement stérile, Wall Street et l'administration Trump se résignent à négocier. Les débats sont directs mais francs. Les milieux financiers veulent préserver leurs intérêts, pas nécessairement détruire Trump. Le Président, de son côté, sait qu'il a besoin de Wall Street. Il peut compter sur le nouveau patron de la FED, le Républicain Powell.

Trump s'engage à soutenir fortement les intérêts de certaines banques d'affaires en Amérique Latine. Conscient du poids du lobby pro-Israël dans les milieux dirigeants de Wall Street, il durcira encore son discours sur le nucléaire iranien. Le FBI sera prié d'étouffer divers scandales sexuels dans lesquels des personnalités de Wall Street ont été entraînées par les milieux hollywoodiens proches du Parti Démocrate. En échange, la Réserve Fédérale soutiendra la politique de relance de l'administration Trump.

Le déficit budgétaire explose, mais les taux américains ne remontent pas trop. Le cours du dollar en euro ne s'envole pas. La politique de Trump est bien lancée.

En Europe, la Banque Centrale Européenne profite de la stabilité étatsunienne. Elle pilote habilement une lente remontée des taux d'intérêt. Mécanismes innovants de titrisation des dettes d'État. Le marché interbancaire européen se rééquilibre.

En Allemagne, la stabilisation de la zone euro est accueillie avec soulagement. Le débat se décrispe entre partis politiques non eurosceptiques. L'AfD stagne. En Italie, les élections législatives du printemps 2018 accouchent d'un gouvernement de centre-gauche. En Espagne, les tensions diminuent entre Madrid et Barcelone.

Jusqu'en 2019, le contexte économique est porteur. Le nouveau plan d'infrastructures chinois, le boom indien et la relance Trump remplissent les carnets de commande des industries exportatrices. Le chômage est stabilisé partout en Europe.

En 2019, le sommet de la zone euro peut à nouveau se réunir. Un communiqué commun est publié. Berlin et ses adversaires se sont mutuellement fait quelques concessions. Coups de pouce financiers contre engagements de réformes structurelles. La Commission tente de renforcer l'acquis communautaire en favorisant la convergence réglementaire, mais sans homogénéisation fiscale.

Les États de l'Euroland restent les briques de base de la construction européenne. La Catalogne négocie un statut de région à très forte autonomie à l'intérieur de l'Espagne. La Flandre et la Wallonie ne se séparent pas. En Italie, les velléités sécessionnistes du Nord ne débouchent sur rien de concret.

Hors de l'Euroland, la Grande-Bretagne poursuit son chemin, solitaire et finalement plutôt prospère. La *City of London* tire son épingle du jeu, le pays profite à plein d'une *special relationship* restaurée avec Washington. La question de l'indépendance écossaise sort de l'actualité.

2018 et 2019, contexte porteur : les cours des matières premières gravitent autour d'un optimum économique. Pas de bulle spéculative sur les marchés des céréales. Les cours des minerais remontent grâce à la reprise de la demande chinoise et au décollage de l'Inde.

Le niveau de conflictualité global régresse. Cependant, quelques crises locales sont exacerbées par les grandes puissances. L'administration Trump met en œuvre la politique étrangère résultant du consensus négocié avec les milieux financiers.

De nombreuses zones de conflictualité sont propices à un activisme américain spectaculaire. L'Amérique latine, avec une possible intervention au Venezuela. L'Afrique du Nord, avec un éventuel printemps kabyle en Algérie. L'Afrique noire, dont pratiquement tous les États font face à un conflit inter- ou intra-étatique au minimum. Le Proche-Orient et ses conflits entrelacés : Syrie, Yémen, petite guerre froide irano-saoudienne, conflits israélo-arabe et israélo-iranien, guérillas kurdes, conflit ethno-religieux irakien. La périphérie russe ex-soviétique, avec ses conflits gelés : Tchétchénie, Haut-Karabagh, Donbass, Crimée et États Baltes. Le triangle de conflictualité Chine-Pakistan-Inde, avec la question du Cachemire. Les conflits latents en Asie du Sud-Est : questions intérieures birmanes, contestations de souveraineté en mer de Chine, indépendance de Taiwan. Et en Asie du Nord-Est : Corée, îles Kouriles.

On peut penser que, dans la mesure où il restera maître de l'agenda, Washington privilégiera d'ici à 2022 les conflits où la réaffirmation de sa puissance est la plus utile sur le plan géostratégique. Le Venezuela, pour sécuriser l'arrière-cour latino-américaine et remettre sous contrôle d'importantes ressources énergétiques. L'Iran, pour donner satisfaction à l'allié israélien et bénéficier du soutien des réseaux pro-Israël dans la politique intérieure étatsunienne. La Corée du Nord, pour pré-positionner des forces stratégiques à proximité de la Chine. Cela étant, il n'est pas certain que Washington sera entièrement maître de l'agenda. La tendance à l'abaissement du seuil de la puissance fait que des acteurs locaux peuvent créer des situations inattendues.

Fin 2018, un rappeur américain obtient un grand succès avec un titre intitulé « *Nuke them all*[1] ». Le titre est repris par un

1 « Atomise-les tous ! »

groupe de hard rock très apprécié de la jeunesse blanche. Le refrain « *Launchin' Tomahawks is cool, bro*[2] » est sur toutes les lèvres.

Peu après, un sondage révèle que 72 % des Américains sont favorables à une attaque de l'Iran et 78 % pensent que les États-Unis devraient « libérer » la Corée du Nord. Un autre sondage établit que moins d'un Américain sur six est capable de situer ces deux pays sur un planisphère, mais ceci est sans importance. Les conseillers en communication de Trump estiment que s'il veut être réélu en 2020, il faut qu'il gagne au moins une petite guerre, si possible deux.

La zone la plus dangereuse dans l'immédiat est la périphérie ex-soviétique de la Russie. Tant que Poutine est au pouvoir à Moscou, la situation restera sous contrôle. L'actuel Président de la Fédération de Russie est un modéré en politique étrangère. Il s'inscrit dans la tradition russe d'apaisement, qui vise à désenclaver l'immense pays-continent en stabilisant ses marges.

Poutine gagne les élections présidentielles 2018 en Russie. Lavrov reste ministre des Affaires étrangères. La Russie profite d'un contexte économique porteur. Le conflit du Donbass continue à mijoter, mais les relations avec Kiev s'améliorent un peu. Les Ukrainiens estiment que la cohérence identitaire de leur pays passe par l'isolement des zones russophones. Ils n'ont pas de projets de reconquête.

---

2 « C'est cool de lancer des missiles Tomahawk, frangin ! »

Plusieurs petites crises internationales donnent à Trump l'occasion de satisfaire les lobbies étatsuniens.

Au Venezuela, les États-Unis ont orchestré une révolution colorée à l'occasion des élections 2018. Ce coup d'État déguisé a été couronné de succès grâce à l'intervention discrète mais décisive de commandos étatsuniens hispanophones déguisés en opposants. Le Président Maduro a été exfiltré vers un navire-prison croisant dans le Golfe du Mexique. Il y meurt d'épuisement quelques semaines plus tard. Le nouvel ambassadeur vénézuélien à Paris est accueilli bras ouverts. Peu après, Trump reçoit le Premier ministre israélien, Netanyahou. Les deux hommes célèbrent la fin de leurs ennuis judiciaires respectifs. La rencontre se déroule dans la résidence de Trump en Floride. Le Président des États-Unis déclare : « Rien ne pourra jamais remettre en cause la résolution des États-Unis quand il s'agit de la sécurité d'Israël. » Netanyahou parle d'un « triomphe de la morale contre la barbarie terroriste ». Quelques semaines plus tard, Trump reçoit le prix humanitaire du *B'nai B'rith* d'Amérique.

Le détricotage progressif de l'accord sur le nucléaire iranien déclenche une crise diplomatique majeure. Téhéran éprouve plus de difficultés à écouler son pétrole et son gaz. C'est une excellente nouvelle pour Moscou, dont la trésorerie regonfle. La remontée des cours du brut est aussi une bonne affaire pour l'industrie du schiste. De nouveaux forages permettent de maintenir la production étatsunienne à haut niveau.

Un peu partout dans le monde, les pays producteurs de pétrole et de gaz se redressent – comme l'Algérie, qui parvient à gérer dans le calme la succession d'Abdelaziz Bouteflika. Un consensus s'est formé entre Maroc, France, Grande-Bretagne, Israël et États-Unis pour aider le nouveau Président à stabiliser son pays. Personne dans ce scénario n'a intérêt à déstabiliser l'Afrique du Nord.

En Corée du Nord, à partir de fin 2019 et sur fond de campagne électorale américaine, la crise dégénère en concours de déclarations fracassantes. De nouvelles armes nucléaires américaines sont pré-positionnées en Corée du Sud. Le régime nord-coréen riposte en envoyant un missile survoler Tokyo. Finalement, après quelques semaines d'une agitation médiatique qui rapporte à Trump dix points dans les sondages, il ne se passe rien. Les armes nucléaires étatsuniennes restent stationnées en Corée du Sud. L'Armée Populaire de Libération chinoise lance un nouveau programme de recherche antimissile. Pendant cette séquence tragicomique, l'ONU ne joue bien entendu absolument aucun rôle.

La politique de Trump a rencontré un succès mitigé sur le plan économique. La relance par le déficit budgétaire a permis un boom économique de faible intensité et sans lendemain. L'économie américaine reste peu compétitive en dehors de quelques secteurs de pointe. La dette publique a largement franchi le cap des 150 % du PIB.

Début 2020, la conjoncture économique se retourne. Les banques centrales desserrent à nouveau la contrainte monétaire, aux États-Unis et dans la zone euro, mettant à profit les marges de manœuvre qu'elles ont reconstituées depuis fin 2017. Pendant le deuxième semestre 2020, Trump prend quelques mesures protectionnistes fortes. C'est un message adressé à son électorat. L'impact est limité, mais le message passe. L'Amérique profonde approuve dans l'ensemble la politique Trump. Le taux d'activité a cessé de baisser et la proportion d'emplois à taux partiel a diminué. Les erreurs de communication de la candidate Démocrate, la sénatrice Elisabeth Warren, facilitent la réélection de Trump.

En 2020-2021, les dettes publiques repartent à la hausse presque partout dans le monde, sous l'effet d'une récession qui fait remonter le chômage. À nouveau, les taux d'intérêt se tendent dangereusement dans certains pays de la zone euro.

Le système financier international paraît plus que jamais au bord de la rupture. Dans un entretien accordé au *Monde*, un économiste célèbre lance une formule qui fait mouche : « Maintenant, nous vivons dans un monde où quand tout va bien, l'endettement progresse dix fois plus vite que le PIB monte, et quand tout va mal, l'endettement progresse dix fois plus que le PIB diminue. »

Pendant l'hiver 2021, une réunion est discrètement organisée à Mont-Tremblant, près de Québec, entre les principaux banquiers centraux du monde occidental. À l'issue de la réunion, un mémorandum secret est préparé pour une présentation à quelques dirigeants politiques triés sur le volet. Ce mémorandum est intitulé « Consensus de Mont-Tremblant ». Il propose un plan pour assainir le système financier international : une série de krachs contrôlés, à organiser entre 2022 et 2030.

Ces krachs devront être précédés de mesures visant à prévenir les risques systémiques. Dans chaque grand pays, quelques banques d'affaires seront associées secrètement à la démarche.

Le premier krach visera le marché obligataire européen. Il sera déclenché au deuxième semestre 2022, *après* l'élection présidentielle française. Dans l'immédiat, la Banque Centrale Européenne relance un programme de *Quantitative Easing* et maintient les taux italiens et espagnols à un niveau acceptable.

La législation sur la gestion des faillites bancaires est une nouvelle fois modifiée dans un sens défavorable aux déposants. La réglementation bancaire est complétée par des mesures de stabilité systémique. Le dispositif permettra, le moment venu, d'opérer une concentration ciblée des sauvetages, et donc de la fortune.

Ce plan provoque des tensions à l'intérieur de la classe dirigeante française. Fin 2021, en petit comité, le président du MEDEF et le patron du groupe AXA protestent énergiquement contre certains choix de la Banque de France, accusée de partialité.

Pendant que les classes dirigeantes françaises se débattent avec leurs petits problèmes, le reste du monde est confronté à des questions autrement plus sérieuses. Le ralentissement conjoncturel trouve son origine en Chine. C'est pourquoi il n'y a pas de relance à attendre de l'usine du monde. Et l'Inde, malgré sa montée en puissance, est encore loin d'avoir les capacités que la Chine avait en 2008.

L'Afrique sombre. Les conséquences du boom démographique se font sentir cruellement, alors que les prix des matières premières chutent. Plusieurs guerres locales éclatent. Les grandes puissances ne les ont pas organisées, mais elles laissent faire. Le chaos présente à leurs yeux un intérêt : il restreint l'accès des zones concernées aux acteurs dotés d'une armée puissante. C'est une manière indirecte de verrouiller les matières premières.

L'Égypte et le Soudan entretiennent un conflit de basse intensité après l'échec des discussions sur le partage des eaux du Nil. La deuxième guerre du Congo fait plusieurs millions de morts au deuxième semestre 2021. La presse internationale n'en parle pratiquement pas. Les journaux sont en revanche pleins d'articles sur la guerre de l'eau que se livrent Palestiniens et colons israéliens. Un mort en Cisjordanie fait plus de bruit qu'un million de victimes en Afrique centrale.

Cependant, l'ordre géopolitique de la planète ne vole pas en éclat. La récession de 2020-2021 ne provoque que des catastrophes locales dans des zones périphériques.

Au Proche-Orient, il n'y a pas d'embrasement général. Le Qatar a finalement plié devant l'Arabie Saoudite. Pour autant, Total et d'autres multinationales françaises tirent leur épingle du jeu, les USA souhaitant ménager l'allié français. La guerre de Syrie s'est terminée en 2019 par la victoire presque complète de la République Arabe Syrienne : absorbés par d'autres enjeux en Asie, désormais convaincus que le théâtre syrien est favorable à Moscou, les États-Unis ont accepté leur défaite en échange de garanties sur la sécurité de l'État d'Israël. Le *deal* : l'intégrité du territoire syrien contre le désarmement partiel du Hezbollah. Téhéran, fragilisé économiquement, s'est résigné sur les conseils de Damas. Tel-Aviv a entériné l'accord, mais la question du Golan reste ouverte.

La Turquie exige l'intangibilité des frontières existantes pour elle-même et pour l'Irak. Mais le Kurdistan reste une carte de négociation importante pour les USA et Israël dans la partie très serrée qu'ils jouent avec Téhéran. Ankara s'est donc encore rapproché de Moscou. Formellement, le pays reste membre de l'OTAN, mais ses récentes commandes d'armement russe ne laissent guère de doute sur ses alliances réelles. Au Yémen, la guerre continue dans un pays totalement en ruines. Dans le Golfe, les armées saoudienne et iranienne se regardent en chiens de faïence.

La politique euro-salafiste française se conclut par un désastre complet. La France a cessé d'être une puissance mondiale aux yeux des classes dirigeantes de la planète. C'est maintenant une puissance régionale dont le rayonnement ne dépasse pas l'Europe, la Méditerranée occidentale et l'Afrique occidentale. Et cela malgré l'étendue de son domaine maritime et ses armes nucléaires. Hors de sa zone d'influence restreinte, Paris n'existe plus que comme supplétif des États-Unis.

En Afrique, le principal problème de la France est la remise en cause latente du système du franc CFA. Celui-ci, arrimé à l'euro, reproduit en grande partie ses tares. Il est trop fort. Les divergences internes aux deux zones CFA menacent de les faire exploser. Comme l'euro en Europe du Sud, le franc CFA offre un accès facilité aux marchés des capitaux. Mais comme l'euro en Europe du Sud, il implique une rigueur budgétaire trop rude pour des économies fragiles.

À partir de 2020, alors que la situation économique globale se détériore, plusieurs pays des zones CFA font savoir qu'ils souhaiteraient une révision de l'union monétaire. Le Sénégal est le pays le plus déterminé. Le dialogue devient difficile entre Dakar et Paris à partir de la mi-2020. La prise de position de l'Inde provoque la fureur d'Emmanuel Macron, qui « ne voit pas ce que les Indiens viennent faire en Afrique de l'Ouest ».

À partir du premier semestre 2021, un mouvement djihadiste commet plusieurs attaques dans le Nord du Sénégal. Le Président de la République annonce, à l'occasion de son allocution du 14 juillet, que la France « se voit contrainte de renforcer sa présence militaire dans ce pays ami, menacé par le terrorisme ». Invité pour l'occasion, le Président sénégalais écoute le discours du Président français. On remarque son grand sourire. De retour à Dakar, on l'interroge sur ce sourire. Pour toute réponse, il se contente d'un énigmatique « Nous avons le temps ».

En Europe de l'Est, la politique de Trump reste mesurée. L'armée ukrainienne a été équipée de missiles antichars et de moyens d'interdiction aérienne, mais ses armements offensifs n'ont pas été modernisés. Dans les pays Baltes, l'OTAN s'est renforcée. Mais les États-Unis ont imposé au Conseil de l'Atlantique Nord une ligne de communication moins agressive. Le déploiement du bouclier antimissile a été ralenti, tandis que le redéploiement de l'*US Navy* vers le Pacifique et l'océan Indien s'est accéléré.

Dans ce contexte, aucune crise majeure n'est survenue dans la périphérie ex-soviétique. À la demande de plusieurs grands patrons français, Emmanuel Macron a discrètement travaillé à vider de leur substance les sanctions économiques toujours en vigueur à l'égard de la Russie.

Le scénario de la mort douce est un scénario de stabilité planétaire. Entre 2017 et 2019, le monde finit de se remettre de la grande récession de 2008-2011. À partir de 2020, une nouvelle récession commence, mais elle est gérée aussi bien que possible sur le plan purement technique. Les élites mondialisées sont relativement intégrées, elles font collectivement le choix de la paix.

Les flux migratoires ne diminuent pas, la démographie de l'Afrique, du monde musulman et du sous-continent indien étant ce qu'elle est. Mais ils n'explosent pas non plus. Et on n'assiste pas à la réédition de l'opération « migrants » de 2015.

Dans l'ensemble, ce scénario de stabilité voit donc la continuation des tendances préexistantes. L'islamisation d'une partie du territoire français n'est pas interrompue. Le salafisme continue à prospérer. Les contradictions de la politique musulmane de la France sont de plus en plus voyantes.

L'échec de l'axe euro-salafiste au Proche-Orient ne rompt pas complètement l'alliance passée avec les Frères Musulmans.

Cette alliance continue à subsister sur le plan de la politique intérieure. Une négociation a lieu discrètement avec les acteurs de l'islam en France. La République en Marche obtient le soutien des réseaux marocains. Les Frères Musulmans sont également ménagés par le gouvernement. L'électorat musulman est largement capté par le parti du Président.

Dans ce scénario de modération, Trump ne prend pas de véritables mesures protectionnistes à grande échelle. Il durcit un peu sa politique dans ce domaine à partir de 2020, mais dans l'ensemble, il parie d'abord sur la relance par la dépense publique et les baisses d'impôt. Dans un tel contexte, les facteurs de tension entre Berlin et Washington restent limités. Même si la lune de miel permanente américano-allemande a pris fin en 2017, pour autant, les deux puissances restent complémentaires plus que compétitrices. Paris n'a donc pas besoin de choisir entre Washington et Berlin.

L'Allemagne est jusqu'en 2020 dans un contexte assez favorable. Macron accompagne Merkel dans l'alignement de l'Euroland sur les conceptions économiques ordo-libérales. Les Allemands font en retour quelques concessions à des Français indispensables. Au grand dam de Varsovie, Merkel soutient Macron quand il exige une nouvelle réforme de la directive des travailleurs détachés. L'Union Européenne commence à exploser entre un Euroland de plus en plus intégré et une périphérie qui s'éloigne.

Le mariage Alstom - Siemens est conclu. Il en va de même de l'alliance BNP - Commerzbank. Une proportion importante des moyens militaires français a été diluée dans une armée européenne en voie de formation, à partir de l'Eurocorps basé à Strasbourg. Les relations des militaires avec Macron s'améliorent un peu, grâce à l'élévation progressive des budgets.

Lorsque la conjoncture se retourne en 2020, les recommandations de la Commission Européenne sont appliquées avec zèle par Paris. S'ensuit une politique de rigueur très dure. L'impact est violent. Le chômage repart à la hausse. Les chômeurs ont très peu de chances de retrouver du travail. Bien des diplômés du supérieur s'aperçoivent que leurs diplômes ne servent à rien.

Beaucoup de gens n'ont plus aucune perspective. Les syndicats sont incapables de proposer des formes de lutte efficaces contre un gouvernement de pure répression sociale. Macron s'illustre à nouveau par son mépris de classe.

Les résultats ne se font pas attendre. Retour aux années de plomb : enlèvements de patron, agressions de cadre, décapitation d'un DRH et diffusion de la vidéo sur les réseaux sociaux. En représailles, le patronat commandite l'assassinat de plusieurs leaders syndicalistes. Début 2022, les Nouvelles Brigades Rouges assassinent les patrons du MEDEF et d'AXA.

En revanche, les banlieues ethniques, réservoir de voix pour le parti présidentiel, restent calmes.

Les forces politiques françaises peuvent dans ce scénario se recomposer de diverses manières. Difficile d'être plus précis. Ça dépend des trajectoires individuelles de quelques leaders.

Il semble probable que le Parti Socialiste disparaisse, tandis que les « Républicains » surnagent. Mais ça n'a rien d'une certitude. L'oligarchie créatrice d'En Marche peut très bien décider de façonner un nouveau Golem en 2022.

De toute façon, sans choc externe majeur, le système défini par la politique intérieure française n'est pas susceptible d'évoluer fondamentalement. Par conséquent, peu importe l'identité des acteurs : en pratique, les mêmes tendances se recombineront pour prolonger la même politique.

Aux européennes de 2019, aux municipales de 2020, aux départementales et régionales de 2021, les populistes classés à droite n'ont pas réédité leurs scores de 2014-2015. France Insoumise s'est maintenue à haut niveau, sans opérer de percée. Le parti présidentiel a été sanctionné. Appuyés sur un réseau d'élus locaux toujours en place, bénéficiant de l'apport non négligeable d'un électorat ex-FN attiré par une ligne dure sur les questions de sécurité, les Républicains s'apprêtent en 2022 à prendre leur revanche sur Macron. Ils sont conduits par Wauquiez. Celui-ci peut compter sur le soutien calculé de Pécresse, chef de file de l'aile recentrée du parti. Un accord a été conclu sur la répartition des portefeuilles ministériels, en cas de victoire.

Le Parti Socialiste, en revanche, n'a plus de raison d'être. À la différence des Républicains, il n'est pas parvenu à sauvegarder son tissu d'élus locaux, déjà bien entamé sous les années Hollande. Il finit de se dissoudre dans France Insoumise. Un accord est trouvé sur une ligne de gauche radicale euro-compatible :

aller aussi loin que possible vers la « justice sociale », sans sortir de l'Euroland. Compte tenu de l'incompréhension des mécanismes économiques par la population, une majorité des Français reste en effet farouchement opposée à toute remise en cause de l'acquis européen.

Mélenchon semble bien installé à la tête de France Insoumise. Mais il est déstabilisé fin 2021. Dans le contexte créé par la récession de 2020, la gauche radicale a le vent en poupe. Elle pourrait remporter les élections. Le Grand Orient lui retire son appui. La décision a été prise de le neutraliser pour confier la direction du mouvement à un acteur plus conciliant en politique étrangère. Après une ignoble campagne de presse sur le train de vie du camarade Mélenchon, Alexis Corbière devient le candidat de France Insoumise, avec l'appui de Raquel Garrido. Curieusement, les médias n'évoquent pas le train de vie du couple dans les mois qui suivent. Contacté par Bernard-Henri Lévy, Corbière signe un accord secret sur les lignes rouges à ne pas franchir pendant la campagne – et après s'il est élu. La principale interdiction concerne la critique d'Israël, sujet sur lequel Mélenchon s'est avéré incontrôlable.

Le FN a explosé. Philippot a pris la tête de l'aile souverainiste dès 2017. Il parvient à regrouper une partie des anciens électorats de Chevènement et Le Pen. Sa formation politique, Les Patriotes, est un acteur mineur mais non négligeable. Le FN prend un virage à droite après l'échec des européennes de 2019. Nicolas Bay verrouille l'appareil. Rebaptisé « Ose ta droite », le FN redevient un syndicat ethnique des Français d'origine européenne. Virée, Marine Le Pen se réconcilie avec son père. Elle écrit un livre sur les chats. Ni Les Patriotes, ni Ose ta droite, n'ont la moindre chance de remporter les élections.

La République en Marche est très affaiblie. Elle a perdu les élections régionales de 2021. Mais le succès des Républicains est très relatif. L'abstention a dépassé 75 % ! Les gens ne croient plus à la politique. Personne ne lit vraiment les programmes. Et donc personne ne remarque que les trois principaux candidats proposent un assouplissement de la législation sur l'euthanasie.

Le pays sombre dans l'anomie. L'ambiance est très étrange. Pour la première fois dans l'histoire de la Ve République, une élection présidentielle se déroule dans l'indifférence. Les hommes politiques font l'effet de pantins sans consistance. Les Français ont admis que leurs lois seraient décidées à Bruxelles ou à Berlin. À la limite, peu leur importe l'identité du porte-parole de ces pouvoirs anonymes, sur lesquels ils n'ont pas de prise.

Dans un tel contexte, il faut prolonger la tendance actuelle : démesure et indécence. Puisque la règle de la Ve République semble être « toujours plus glauque », allons-y gaiement !

Seules des minorités se mobilisent pour des causes catégorielles. Hidalgo tente une percée sur une ligne « les femmes au pouvoir ». Elle retire sa candidature après avoir négocié un futur poste de « Première » ministre avec Corbière – Macron a refusé de la recevoir. Ramona Saucisse, un travesti qui parodie Conchita Wurst, se présente sous l'étiquette PAT – Parti Anti-Transphobe. Après le ralliement de *Fetish Pride* et du mouvement des asexués, il se revendique « trans-minoritaire ». En cumulant les effectifs totaux de toutes les minorités existant en France, il s'attribue un nombre d'électeurs potentiels supérieur au nombre d'inscrits ! Approché par le Parti du Renouveau, un rassemblement hétéroclite de jeunes « pro-business », Zidane refuse de se porter candidat. L'Élysée lui a conseillé « d'attendre 2027 ».

Philippot affronte en débat son concurrent, Asselineau, Monsieur Frexit. Le choc des deux énarques souverainistes est de très haute tenue : 95 % des Français ne peuvent pas le comprendre. Les deux candidats d'extrême gauche rappellent la profondeur de la souffrance sociale en France, mais ne proposent rien. Les clips de campagne de ces candidats relativement sérieux passent entre les chants populaires berrichons du sympathique Félicien Labourde, le candidat du terroir, et les performances chorégraphiques de Ramona Saucisse, dont la campagne fait les délices des chansonniers.

Des réunions aussi discrètes que régulières ont lieu entre Wauquiez et Ménard. Les deux hommes se coordonnent pour que les outrances de Ménard relativisent le discours ultra-sécuritaire de Wauquiez. Un accord a préalablement été scellé sur le financement de la campagne de Ménard, ainsi que sur un agenda caché endossé par Wauquiez.

Au premier tour, contre toute attente, Macron vire en tête devant Wauquiez. Corbière, troisième, paye le vote des électeurs déçus de son comportement lors de l'éviction de Mélenchon. Il s'en faut de quelques points : l'ordre du trio de tête aurait pu être inversé.

Le cirque électoral français joue son nouveau spectacle avec entrain. Ménard et Philippot réalisent des scores décevants, juste en-dessous de la barre des 5 %. Asselineau parvient à franchir la barre de 1 %, ce qu'il présente comme un succès lors de son débat avec Ramona Saucisse, chez Hanouna et Morandini. Les deux candidats d'extrême gauche annoncent tour à tour la révolution imminente.

Pour une fois, ils n'ont peut-être pas tort. Le lendemain, le comité Europe du Consensus de Mont-Tremblant acte la faisabilité politique du premier krach programmé. Objectif : réduire de 30 % le niveau des retraites en Europe. Date prévue : août 2022.

Macron a construit sa campagne sur un argument très simple : « On sait ce qu'on perd, on ne sait pas ce qu'on trouve ». Il a séduit une partie de l'électorat des personnes âgées, au départ acquises à Wauquiez. Dans une France frileuse et sénile, le sortant rassure tous ceux qui n'espèrent plus qu'une chose : la mort douce.

Au second tour, Macron devance Wauquiez : 51,2 %. L'apport de l'électorat musulman a été décisif. Pendant son discours de victoire, le Président réélu semble très satisfait de son coup. La France est morte, l'Europe ne peut pas naître, bienvenue dans le Néant.

On peut bien sûr imaginer des issues alternatives : la victoire de Wauquiez, qui peut lui aussi incarner la réaction antipopuliste. Ou au contraire le succès de Corbière – ou plus probablement de Mélenchon, s'il est candidat. Dans ce cas, nous irions vers un scénario grec, un populisme sous contrôle. Cette solution peut d'ailleurs être privilégiée par l'oligarchie en 2022 : quoi de mieux qu'une gauche radicale sous contrôle, pour appliquer le consensus de Mont-Tremblant ? On se souvient des années 80, de Mitterrand et du tournant de la rigueur.

SCÉNARIO 2

✓✓

« EURO 2.0 »

Dans ce scénario, la politique des banques centrales reste accommodante, les taux restent bas. Et pourtant, la zone euro explose. Il y a eu un cygne noir en Europe.

A priori, trois types d'événements peuvent jouer ce rôle. Le brouillard statistique peut engendrer une crise bancaire inattendue. Internet rend possible l'émergence soudaine de mouvements politiques. Une sécession pourrait obliger à refondre de la zone euro

Nous allons tester ici une combinaison de ces facteurs. L'affaire ira suffisamment loin pour faire exploser la zone. Mais la monnaie européenne survivra, sous une forme renouvelée.

Dans un premier temps, le scénario de l'euro 2.0 est identique à celui de la mort douce. Les classes dirigeantes étatsuniennes trouvent un compromis entre la Maison Blanche et Wall Street.

Les taux restent bas, malgré l'envolée du déficit budgétaire américain. La Banque Centrale Européenne se coordonne efficacement avec la FED. Elle pilote une remontée des taux *a priori* très prudente. Tout va bien. Et soudain...

Les élections italiennes du printemps 2018 donnent lieu à une étrange *combinazione*. La loi électorale fait l'objet d'un replâtrage de dernière minute. Le M5S arrive en tête. À cause du mode de scrutin modifié, il n'a pas la majorité. Il ne parvient pas à s'entendre avec le centre-gauche. Pas de gouvernement.

Dans ce contexte instable, la hausse des taux, même modérée, a des conséquences financières inattendues. Les comptes publics de l'Italie ont été truqués. La finance privée n'est pas en reste : l'ampleur de la crise bancaire transalpine est bien plus profonde que prévu. Quand le brouillard statistique se dissipe, l'Italie est en quasi-faillite.

Les cadres dirigeants de la Bundesbank estiment la débâcle inéluctable. Ils décident collectivement de prendre leurs responsabilités. Le numéro deux de l'institution prend position publiquement pour une Italie hors de la zone euro. Le marché interbancaire, qui avait commencé à se rééquilibrer depuis quelques mois, se bloque complètement. La reprise européenne, timide mais réelle, est cassée net.

La spéculation se déchaîne à nouveau contre les dettes de l'Europe du Sud. Londres est engagé dans un *hard* Brexit conflictuel. Le gouvernement britannique fait la sourde oreille quand Berlin lui demande d'agir sur les banques de la *City of London*.

La coalition Merkel vacille. Le FDP fait remarquer qu'à trop soutenir l'Italie, on risque une guerre financière avec Londres.

L'offensive contre l'euro devient géopolitique. En septembre 2018, une manifestation est organisée à Barcelone par un nouveau parti indépendantiste, dirigé par un ancien étudiant de la *London School of Economics*. La manifestation dégénère. Quelques jours plus tard, le Premier ministre d'Écosse est reçu à Berlin avec les égards dus à un chef d'État. Le même jour, une bombe tue une dizaine de personnes à Belfast, dans un pub fréquenté par les unionistes. La semaine suivante, une nuit bleue ravage la Corse, tandis qu'à Munich, le petit parti indépendantiste bavarois réalise une surprenante démonstration de force.

Fin octobre 2018, l'Italie se dote enfin d'un gouvernement technique. Celui-ci demande à la Banque d'Italie d'émettre une nouvelle monnaie, l'eurolire. Les services fiscaux de la République italienne accepteront les eurolires en paiement des taxes, amendes et redevances. Les fonctionnaires seront payés en eurolires.

Le lendemain, les dirigeants de la région Lombardie annoncent que leur région va émettre sa propre monnaie, le ducat. Quelques heures plus tard, la Vénétie annonce qu'elle utilisera le ducat plutôt que l'eurolire. Trois jours plus tard, alors que l'Italie sombre dans le chaos, les deux régions adressent à Rome une requête conjointe pour exiger le statut de régions autonomes à statut spécial, sur le modèle de la Sicile. Cette dernière surenchérit en demandant l'indépendance. L'euro est mort, mais la lire italienne n'est pas parvenue à renaître. L'Italie n'a plus aucun système monétaire étatique.

Dans la plupart des pays du monde, cette situation serait impensable. Mais en Italie, il y a l'économie officielle, l'économie officieuse et l'économie criminelle. Même l'économie officielle est opaque. La quasi-disparition de l'État italien ne provoque dans un premier temps pas de catastrophe majeure.

Pendant ce temps, le reste du monde poursuit son chemin sans en être très profondément affecté. Sur le plan géopolitique, hors d'Europe, le scénario de l'euro 2.0 reste assez proche de celui de la mort douce. Le Venezuela est mis au pas. L'Iran s'en sort un peu mieux que dans le scénario précédent, parce que les Occidentaux ont d'autres chats à fouetter.

La crise européenne modifie toutefois le calendrier du retournement conjoncturel, prévu pour 2020 dans le scénario de la mort douce. Les deux phénomènes, crise italienne et retournement conjoncturel, se nourrissent assez vite l'un de l'autre. Dès la fin de 2018, l'Europe bascule dans la récession. Conséquence : marasme mondial.

La conférence de Mont-Tremblant se tient donc, dans ce scénario, à peu près deux ans plus tôt que dans le scénario de la mort douce. Elle se déroule pendant l'hiver 2019. Le ministre des Finances de la République italienne n'est pas invité. La Banque Centrale Européenne n'est qu'observatrice. Les débats sont principalement conduits entre Américains, Britanniques, Français et Allemands.

Le premier jour, les discussions entre Britanniques et Allemands sont très tendues. Le délégué espagnol refuse d'adresser la parole à son homologue britannique. Les Américains observent sans mot dire.

Les conclusions de la conférence sont à peu près identiques : il faut organiser une succession de krachs planifiés pour purger le système en préservant les acteurs systémiques. Mais la liste de ces acteurs est différente de celle du scénario de la mort douce. Le calendrier de la purge est plus rapide. Il est décidé de refondre totalement l'architecture de la zone euro.

Une longue discussion a été nécessaire sur ce point, les Britanniques suggérant un retour aux monnaies nationales. Finalement, le ralliement des Français à la position allemande tranche le débat. L'euro a vocation à subsister, mais des monnaies régionales seront créées. L'euro sera la monnaie des échanges extérieurs et inter-régionaux. Les monnaies régionales seront réservées aux échanges intra-région. Elles pourront être dévaluées par rapport à l'euro.

En février 2019, une rafale d'annonces coordonnées prend par surprise les populations européennes. L'Italie est mise sous tutelle d'une troïka regroupant la Commission Européenne, le Fonds Monétaire International et la Banque Centrale Européenne. La Banque d'Italie aura le monopole de l'émission des eurolires. La gestion de la dette publique nationale de l'Italie restera de sa responsabilité. Toutefois, la constitution italienne sera revue pour transformer le pays en confédération très lâche de régions autonomisées sur le plan financier. Cette position de compromis a été négociée préalablement par l'Eurogroupe avec les dirigeants des régions sécessionnistes de Lombardie, de Sicile et de Vénétie. L'Italie n'existe plus que comme syndic de faillite.

La crise européenne impacte l'Afrique dès la fin 2018. Rude récession sur le continent noir. Durcissement de tous les conflits africains et nord-africains. L'histoire du continent n'est pas très éloignée de celle esquissée dans le cadre du scénario de la mort douce. Mais elle est encore plus violente. La guerre entre l'Égypte et le Soudan ramifie vers la Libye, où les bandes islamistes ont établi un proto-État islamique.

La fragilité de l'Europe est bien relevée par le Président turc Erdogan. Il décide d'en profiter pour se venger d'une Allemagne avec laquelle il estime avoir des comptes à régler. Les réseaux turcs en Libye sont activés pour renforcer l'émigration africaine vers l'Italie. La marine italienne, faute de crédits, doit laisser ses navires au port.

En 2021, la situation de l'Italie ressemble à un cauchemar. Après le *bail in* généralisé qui a spolié les épargnants, un mouvement spontané est né dans le Sud et le Centre du pays. Il est au départ dirigé contre les expropriations bancaires. Mais il se transforme assez vite en squadrisme d'autodéfense. Ce mouvement est parfois lié au milieu criminel, parfois au contraire dirigé contre lui. La conjonction de la catastrophe économique et du choc migratoire crée une situation proche de celle vécue dans certaines îles grecques quelques années plus tôt, mais à l'échelle de régions entières.

À partir de la fin 2020, une moitié environ du pays a complètement échappé au contrôle d'un État italien fantomatique. La troïka, à Rome, se trouve donc confrontée à une situation inédite. L'État à qui elle s'adresse ne peut tout simplement pas appliquer ses recommandations.

Dans de multiples localités de l'Italie du Sud, les personnes d'origine extra-européenne sont interdites de séjour. Dans quelques zones ethniques, c'est le contraire : les immigrés ferment leurs quartiers aux Italiens. Le territoire se léopardise.

Ces événements ont un très fort retentissement en France. À bien des égards, la situation transalpine n'est qu'une répétition, sur un mode plus dramatique, de ce qui s'est passé en Grèce quelques années plus tôt. Mais cette fois, cela n'arrive pas dans un petit pays de Méditerranée orientale. Cela arrive dans un grand pays d'Europe occidentale. C'est la sœur latine qui est en train d'exploser sous les yeux des Français.

Les dynamiques politiques italiennes contaminent en France. Le mouvement squadriste réunit des Italiens de toutes tendances, révoltés par le traitement infligé à leur peuple. Les réseaux sociaux français rendent compte de ces évolutions. Un des sites phares de la fachosphère tente d'organiser un mouvement squadriste sur le modèle italien. Pour l'instant sans succès.

Le ministre de l'Intérieur demande à la Direction Générale de la Sécurité Intérieure (DGSI) d'interdire toute provocation d'extrême droite. Le ministre confie à la DGSI « qu'il ne serait pas surpris que cela finisse par se produire ». Il demande qu'on suive les individus susceptibles d'enclencher ce type de dynamique « de très près ». Le DGSI reçoit le message fort et clair.

À la différence du scénario de la mort douce, dans ce scénario, le sommet de la zone euro ne se réunit ni en 2019, ni en 2020. Rome a fait défaut sur sa dette. Le taux de ce défaut est en cours de négociation. En pratique, on se doute déjà qu'il sera au moins équivalent à la dévaluation de l'eurolire par rapport à l'euro, soit près de 50 %. C'est nettement plus que les calculs théoriques effectués par les économistes avant les événements. Mais les calculs des économistes ne prenaient en compte ni la dislocation de l'État italien, ni le chaos migratoire.

En Espagne, la nouvelle poussée de l'indépendantisme catalan dégénère sur fond de crise économique. Le président de la Catalogne demande officiellement « aux Européens » que sa région bénéficie du statut de région financièrement autonomisées, comme la Lombardie en Italie. Le Roi d'Espagne répond que si la Commission Européenne soutient formellement cette demande, l'Espagne sortira de l'Union, comme la Grande-Bretagne. Son Premier ministre s'abstient toutefois de reprendre cette position, ce qui est révélateur de tensions au plus haut niveau de l'État espagnol.

L'application du consensus de Mont-Tremblant est désormais soumise à un agenda purement politique. La Bundesbank a été priée de ne plus interférer dans le processus. La Banque Centrale Européenne a lancé un nouveau programme de mesures non conventionnelles, ce qui évite l'asphyxie complète à l'Italie et à l'Espagne. Ce programme d'assouplissement monétaire a déclenché la fureur de plusieurs petits États. La Finlande est particulièrement en pointe. Le Portugal, qui s'est redressé dans la douleur quelques années plus tôt, demande à bénéficier a posteriori des mesures d'accompagnement accordées à l'Italie.

Les dirigeants européens attendent le bon moment pour appliquer le consensus de Mont-Tremblant. Le plan est simple. L'agenda prévoit la mise en défaut partiel des pays d'Europe du Sud, pour détruire d'un seul coup plusieurs milliers de milliards de dollars de dette publique. Le système bancaire européen n'encaissera pas le choc. Il sera donc entièrement mis sous tutelle de la BCE. Un fonds de mutualisation sera créé à cette fin. Il sera alimenté par les régions, qui ne feront plus remonter qu'une faible fraction de l'impôt vers l'échelon national.

La création des monnaies régionales suivra, présentée comme un simple ajustement technologique. Ces monnaies seront entièrement dématérialisées, les paiements s'effectuant par téléphone portable. En profondeur, la nature de l'euro sera modifiée. Les États-nations se dissoudront dans le futur super-État européen post-démocratique. Il est prévu que l'État italien disparaisse vers 2022, et l'État espagnol vers 2025. Les autres États de l'Euroland devront suivre dans les années 2025-2030.

Début 2021, la situation paraît mûre pour lancer le processus. Macron a décidé de ne pas se représenter en 2022. Il s'engage à assumer devant les Français les annonces douloureuses relatives aux coûts de la refondation du système bancaire européen.

En février 2021, le sommet de la zone euro se tient enfin. Il débouche sur la création du fonds de mutualisation et l'établissement d'un système de compensation entre banques régionales. L'annonce n'est pas comprise par la majorité de la population. Peu de gens réalisent que la régionalisation monétaire, au départ appliqué à la seule Italie, sera ensuite généralisée à tout l'Euroland.

Lorsque les élections 2022 approchent en France, le contexte est assez différent de celui du scénario de la mort douce. Le chômage est reparti à la hausse plus tôt et plus fortement. Le pouvoir d'achat de la classe moyenne a été davantage érodé. Ponction sur les comptes épargne, impôt de solidarité européenne : vif mécontentement. La colère gronde dans le pays. La campagne électorale 2022 se déroule dans un très mauvais climat, alors que la cote de popularité du président sortant atteint un plus bas historique.

Dans ce contexte, les attentats imputés aux Nouvelles Brigades Rouges débouchent sur une répression brutale contre les milieux syndicaux et la gauche radicale. Une véritable entreprise d'intimidation est lancée contre les militants de France Insoumise.

Les tendances eurosceptiques et nationalistes ont le vent en poupe dans ce scénario, en tout cas nettement plus que dans le scénario de la mort douce. Début 2022, des squadristes français lancent plusieurs actions visant à dénoncer la présence de l'islam salafiste en France. Des incidents éclatent entre squadristes et membres de l'Union des Organisations Islamiques de France. La presse multiplie les titres anxiogènes. *Le Monde*, 1er mars 2022 : « L'extrême droite et l'islam de France au bord de l'affrontement armé ».

Dans ce scénario, les forces politiques françaises se recomposent à peu près comme dans le scénario de la mort douce, mais les rapports de force sont assez différents. D'une manière générale, l'explosion partielle de la zone euro provoque une exaspération du clivage entre populistes et antipopulistes. La peur de voir l'euro disparaître hystérise la réaction antipopuliste. Le coût de son sauvetage apporte du carburant au populisme.

Dans un scénario où l'explosion partielle déboucherait sur l'explosion tout court, un basculement extraordinaire de l'opinion pourrait se produire – nous étudierons ce cas de figure plus loin. Mais dans le scénario de l'euro 2.0, l'explosion partielle de la zone euro ne débouche pas sur un retour aux monnaies nationales. Il conduit au contraire au sauvetage de l'euro. C'est pourquoi la réaction antipopuliste l'emporte.

France Insoumise a probablement réussi de meilleurs scores dans ce scénario aux élections intermédiaires. Le pouvoir dégage le dégagiste Mélenchon. Corbière est candidat.

Le FN, dans ce scénario, revient probablement sur le tournant qu'il a opéré à l'automne 2017. Les dirigeants de ce parti n'hésitent pas à surfer sur le mécontentement sans se soucier de cohérence. Nouveau tête-à-queue sur la question de l'Europe, retour à la ligne souverainiste. Le populisme de droite est éclaté entre deux partis très proches sur le plan programmatique :

le nouveau-nouveau FN, redevenu souverainiste, et Les Patriotes. Un des deux partis vide l'autre sur le plan électoral. De son côté, l'aile européiste du FN s'en émancipe. Ose ta droite devient un petit parti autonome. Au final, ça ne change pas grand-chose à la situation politique. Il y a des identitaires, il y a des souverainistes, peu importe comment ils se découpent ou se recoupent.

Dans ce scénario, la République en Marche arrive très affaiblie aux élections 2022. Cinq années de pouvoir ont littéralement laminé le mouvement, dont toutes les contradictions et les insuffisances sont apparues en pleine lumière. Du coup, le Parti Socialiste a repris du poil de la bête dès les européennes 2019. Il présente Anne Hidalgo aux présidentielles. Elle peut espérer un score décent, grâce au soutien de quelques ex-macronistes, dont Attali.

En nombre de voix, les Républicains sont à peu près au même niveau que dans le scénario de la mort douce, peut-être un peu plus haut. Fondamentalement, c'est un parti appuyé sur un socle électoral très stable : les personnes âgées. En pourcentage, c'est une autre histoire. La gravité de la situation pousse les gens à s'intéresser à l'élection. La participation est en hausse, les jeunes votent.

Pendant les élections 2022, on retrouve les symptômes d'anomie décrits dans le scénario de la mort douce. Mais en même temps, une partie non négligeable de la population est consciente des enjeux. C'est une élection bizarre, où vont se côtoyer des plaisantins fans de Ramona Saucisse et des citoyens en colère à deux doigts de basculer dans la violence politique.

Aux attentats des Nouvelles Brigades Rouges s'ajoutent en mars 2022 des émeutes dans les banlieues, à la suite d'affrontements entre squadristes et dealers d'origine nord-africaine. Le 10 mars, une de ces émeutes dégénère. Un immeuble de Noisy-le-Grand prend feu, il y a plusieurs dizaines de morts. Le pays est en état de choc.

Quelques jours plus tard, le premier tour de l'élection présidentielle se déroule dans un climat tendu. La tragédie de Noisy-le-Grand est dans toutes les têtes.

C'est Edouard Philippe qui représente la République en Marche. Il fait exactement le même score qu'Anne Hidalgo : 14 %. Si leurs deux électorats avaient fusionné, le bénéficiaire de la fusion aurait accédé au deuxième tour, avec de bonnes chances de l'emporter.

Le grand vainqueur est Laurent Wauquiez, suivi d'assez loin par Corbière. Le principal candidat nationaliste arrive en troisième position. Sans la tragédie de Noisy-le-Grand et les émeutes de banlieue, Corbière aurait probablement viré en tête.

Dans une telle configuration, France Insoumise part perdante. Corbière est loin d'avoir le talent oratoire de Mélenchon.

Au deuxième tour, Wauquiez s'impose largement. Dans son discours de victoire, qu'il prononce devant le drapeau européen, il déclare : « Le Président Macron a eu l'honneur de diriger notre pays dans un moment crucial de l'histoire de l'Europe. Ma mission, je la connais : ce qu'il a esquissé, je dois le terminer. »

Le lendemain, Attali est reçu à l'Elysée.

Dans ce scénario, les fondamentaux du putsch semi-légal de 2017 sont toujours en place, mais sous une forme radicalisée et hystérisée. La victoire de Wauquiez est décidée par les milieux d'affaires, en vue d'un futur tournant sécuritaire. Les incidents entre squadristes et habitants des banlieues ethniques ont été fabriqués par la DGSI. Officiellement, celle-ci suivait les éléments violents pour les maîtriser. En réalité, elle était chargée de les « déclencher » le moment venu.

Cela dit, le scénario de l'euro 2.0 est très ouvert. Le choix a été fait ici de présenter la conclusion la plus probable : le recyclage par les milieux européistes de la crise terminale de l'euro première version pour fabriquer l'euro deuxième version. Mais la capacité des oligarchies à piloter la situation dépendra du nombre des crises qu'elles auront à affronter simultanément.

SCÉNARIO 3

✓✓✓

« LA GRANDE SPOLIATION »

Voici en quelque sorte l'opposé du scénario précédent. Cette fois, la Réserve Fédérale américaine n'accompagne pas la politique de Trump. Mais en Europe, la zone euro tient bon.

À titre expérimental, nous allons pousser la grande spoliation vers sa variante la plus noire. À chaque étape, le pire arrive.

Les classes dirigeantes étatsuniennes n'ont pas trouvé de compromis entre la Maison Blanche et Wall Street. Trump est noyé sous les acccusations. On parle d'*impeachment*. À chaque fois que le Président neutralise un adversaire, une nouvelle affaire surgit.

Les milieux d'affaires se déchirent entre capitalisme industriel, capitalisme financier et acteurs de la nouvelle économie. La dénonciation de l'accord de Paris par Trump a ligué contre lui un réseau de grandes métropoles. Le groupe « Mark Zuckerberg 2020 » déstabilise le parti Démocrate. Cette faction travaille en coordination avec une partie du parti Républicain. À l'intérieur même des groupes communautaires, la dissension règne. Les milieux juifs conservent une attitude ambiguë à l'égard du nouveau Président, en dépit de sa ligne dure sur la question du nucléaire iranien. Il y a trop d'acteurs qui ont entre eux trop de motifs de conflits : les oligarchies étatsuniennes sont en train d'exploser.

Une conférence est discrètement organisée en février 2018 à Aspen. Les principaux banquiers américains doivent se mettre d'accord sur le sort de Trump. Un haut cadre de la Banque centrale d'Israël est invité. La réunion n'est pas présidée par le nouveau président de la Réserve Fédérale, Jerome Powell.

Le premier jour, les participants discutent de la situation économique en général. Consensus : un resserrement monétaire est souhaitable à brève échéance. Le deuxième jour, les débats sont plus animés : on parle de la politique économique de l'administration étatsunienne. Il y a désaccord sur le cadencement et la sévérité du resserrement monétaire. Finalement, le groupe demande à Powell de piloter à vue, sans lui donner de consignes claires.

Le patron de la FED est placé dans une position inconfortable. La complexité intérieure des États-Unis se combine avec la complexité extérieure du monde multipolaire : instabilité ingérable. Jusqu'à l'incident qui met le feu aux poudres...

Août 2018. Intervention conjointe irano-turque en Irak du Nord, pour empêcher la constitution du Kurdistan indépendant. Netanyahou appelle Trump : « Donald, c'est l'heure de vérité. Nous allons soutenir le courageux peuple kurde. Dans quelques minutes, une première frappe va être conduite. Êtes-vous avec nous ou contre nous ? »

Une confrontation directe avec l'Iran et la Turquie serait le pire scénario pour les États-Unis : enlisement garanti. Trump prend ses responsabilités. Il refuse de suivre Netanyahou. Celui-ci annule les frappes. Mais dès le lendemain, il fait savoir à ses conseillers que Trump « n'est pas un ami d'Israël. »

Cependant, en Europe, la Banque centrale européenne évolue dans un contexte intermédiaire. Les régulateurs européens doivent s'adapter à l'instabilité étatsunienne. L'Italie se dote d'un gouvernement de centre-gauche opérationnel. La BCE conduit une politique de resserrement monétaire plus sensible que dans les scénarios précédents, mais bien calculée. Le marché interbancaire européen se ranime. En Allemagne, les appels se multiplient pour renouer le dialogue avec les partenaires au sein de l'Union Européenne.

Pendant le premier semestre 2018, le contexte économique est porteur. Le plan d'infrastructures chinois et la bonne santé de l'économie indienne remplissent les carnets de commande des industries exportatrices, malgré l'échec partiel du plan de relance de Trump. Le chômage est stabilisé en France.

À partir du deuxième semestre 2018, toutefois, le contexte va changer du tout au tout. L'onde de choc de la crise kurde ne met en effet que quelques jours à traverser l'Atlantique. En septembre 2018 les milieux pro-Israël se lancent à l'assaut du Bureau Ovale.

L'offensive est d'autant plus violente qu'au Proche-Orient, la situation stratégique de l'État hébreu se dégrade rapidement. La Turquie rejoint l'axe Téhéran-Bagdad-Damas. Ces quatre puissances formant une petite entente associée à la grande alliance sino-russe. La situation devient très dangereuse pour Israël. Nouvelle montée en puissance du Hezbollah. Pour les États-Unis, il est vital d'empêcher la constitution d'un ensemble eurasiatique intégré sous pilotage sino-russe. Or l'Inde, entraînée dans le mouvement par son allié iranien, se rapproche à nouveau de la Chine. Cette configuration rend possible l'unité de toutes les élites juives américaines : celles pour qui Israël est prioritaire reçoivent l'appoint de celles qui priorisent les enjeux globaux.

Trump a parfaitement conscience de cette situation. Il tente d'obtenir un retrait turco-iranien rapide, un désarmement partiel du Hezbollah – et une réaffirmation par la Turquie de son appartenance à l'OTAN. Poutine, lui, n'a pas besoin d'un succès éclatant en politique étrangère. Il demande à Assad de faire pression sur le Hezbollah. Le Président syrien obtempère : il doit sa survie aux Russes. Le Président russe explique ensuite à Erdogan qu'il est préférable de laisser Trump sauver la face. Mais le Président turc a d'autres priorités. Se battant pour l'unité de son pays, il estime devoir profiter de la situation au maximum. La crise s'aggrave.

Quelques jours plus tard, Powell rencontre le Président. Il lui suggère poliment d'envisager une démission, suite aux récentes révélations concernant les liens entre l'ambassade de Russie et un des conseillers en communication engagés pour sa campagne

2020. Trump décide qu'il est temps de clarifier la situation. Il demande au *chairman* de la FED : « Jerome, avez-vous perdu le contrôle ? » Powell soupire : « Je ne peux pas à moi tout seul aller contre le consensus des *primary dealers.* »

La Réserve Fédérale lance peu après un signal d'alarme sur les risques systémiques qui grandissent sur les marchés. Puis diverses mesures sont prises, qui aboutissent concrètement à opérer un resserrement monétaire brutal, par des méthodes opaques pour le grand public.

Le 24 octobre 2018, Wall Street connaît le pire krach de son histoire. Amplifié par le trading à haute fréquence, un mouvement de panique fait s'effondrer les cours à une vitesse inouïe. En une heure, le Dow Jones est divisé par deux. C'est sans précédent. *The Economist* titre sobrement, caractères blancs sur couverture noire : « 1929^2 ».

La crise financière a des conséquences paradoxales. Curieusement, elle ouvre d'abord une période de calme politique temporaire. Le choc économique est tel que les acteurs agressifs sont occupés par leurs problèmes internes. Bien entendu, à plus long terme, les difficultés économiques vont entraîner des comportements encore plus agressifs. Mais dans un premier temps, certains conflits s'apaisent.

Au Moyen-Orient, la Turquie et l'Iran finissent par se retirer de l'Irak du Nord, tandis que la Chine et la Russie font pression sur Bagdad pour obtenir un règlement raisonnable de la question kurde. La Syrie renonce à réarmer le Hezbollah. Israël s'engage à ne plus soutenir les rebelles syriens qui restent actifs dans l'Est du pays.

La chute du prix des matières premières, et en particulier des hydrocarbures, fait plonger la plupart des États producteurs. La crise s'aggrave au Venezuela. Le président Maduro perd le pouvoir sans intervention étatsunienne.

Sur le plan économique, le scénario de la grande spoliation diffère très vite des deux scénarios précédents. L'écroulement boursier provoque en effet un retournement conjoncturel beaucoup plus rapide et violent. Le monde bascule dans une récession terrible dès la fin de 2018. En France, au deuxième semestre de cette année noire, le PIB recule de 6 %. En Allemagne, pays plus exposé aux fluctuations internationales, de 9 %. Et ce n'est qu'un début.

La baisse du PIB vient percuter une économie européenne encore mal remise de la crise de 2008. Le chômage repart en flèche. Dans un article remarquable cosigné dans *L'Expansion*, un économiste et un ingénieur spécialisé dans la robotique font remarquer : « Nous vivons dans un monde où quand tout va bien, le chômage recule de 1 % de la population active pour 5 points de PIB gagné, mais progresse de 1 % de la population active pour chaque point de PIB perdu ».

Aux États-Unis, le krach financier met un terme précoce à la relance Trump. Les ressources disponibles sont absorbées par le traitement des risques systémiques. Le chômage repart à la hausse.

Les élections de mi-mandat sont un désastre pour les Républicains, mais la colère populaire se tourne contre les caciques du parti. À l'inverse, les candidats pro-Trump sauvent les meubles. Ce dernier pense donc avoir une carte à jouer. Il tente de reprendre la main en relançant son projet de mur anti-immigration clandestine avec le Mexique.

L'*establishment* de Washington ne lui laisse pas le temps de faire oublier la crise économique. Démocrates et Républicains s'unissent pour son *impeachment*. Certains des candidats élus avec son soutien se retournent contre lui. Son plus fidèle allié au Sénat est victime d'un accident d'avion. Le vice-président Mike Pence le remplace. Il va devoir composer avec un Congrès largement hostile.

Les USA sont pendant plusieurs mois atteints d'une quasi-paralysie institutionnelle. La Californie et le Texas sont agités par des mouvements sécessionnistes politiquement opposés. Dans plusieurs grandes villes, des affrontements opposent la population noire aux forces de police. Au Montana, un groupe de miliciens surarmés prend le contrôle d'une petite ville et annonce qu'il interdit de séjour les personnes afro-américaines. En réponse, à Saint-Louis, des militants antifas mettent le feu à un bar fréquenté par des membres de l'*alt-right*.

Attentat pendant un concert de rap. Revendiqué par un groupe suprémaciste blanc parfaitement inconnu. Le journaliste Alex Jones affirme que ce groupe a été suscité par des agents du FBI infiltrés dans la mouvance nationaliste. Quelques jours plus tard, une vaste opération de police est lancée contre l'*alt-right* américaine. Jones fait partie des personnes arrêtées. Le 4 juillet 2019, jour de la fête nationale américaine, à Washington, explosion d'une bombe sale – un explosif conventionnel entouré de matériaux radioactifs. Pence est mort. Plusieurs centaines de milliers de personnes contaminées.

La loi martiale est proclamée le 4 juillet au soir. Le contrôle de l'appareil d'État est repris par un gouvernement de continuité. Dans les semaines qui suivent, l'Amérique se transforme en État policier. Les libertés civiques sont suspendues. Une législation d'exception est édictée par le gouvernement de continuité.

En 2020, bénéficiant désormais de l'appui inconditionnel des États-Unis, Israël reprend son soutien à la guérilla kurde en Irak. Washington soutient un putsch à Bagdad. Un général moustachu entérine l'indépendance d'un grand Kurdistan. Téhéran et Ankara envisagent à nouveau d'intervenir, mais s'abstiennent finalement. Dans un discours prononcé à l'occasion d'une visite à Pékin, Poutine se livre à un éloge appuyé de la sagesse des dirigeants turcs et iraniens. Il déclare que « l'actuel pouvoir étatsunien n'aura qu'un temps. Il va tenter, pendant ce temps, de nous entraîner tous dans la voie de la guerre. Nous devons résister à ses provocations. » Le Président chinois lui emboîte le pas, sur un mode plus allusif : « Dans un monde incertain, nous devrons mettre en balance tous les aspects d'une situation pour ne pas nous trouver engagés dans des démarches inconsidérées. »

Dans les mois qui suivent, Israël utilise des mini-armes nucléaires tactiques sur divers théâtres d'opération. Le Proche-Orient est maintenant un endroit où les gens partent du principe qu'ils ont un drone sur la tête et peuvent se faire vitrifier à tout instant. On s'habitue à tout.

Après une série d'attaques au couteau à Jérusalem, Tel-Aviv lance l'épuration ethnique de la Cisjordanie. Puis Netanyahou entame des négociations avec l'Égypte pour la relocalisation de la population de Gaza. Aux députés de la Knesset qui s'inquiètent des conséquences de la disparition de la main-d'œuvre palestinienne, il répond en citant un article de *Haaretz* sur l'économie robotisée du futur.

Israël trouve un terrain d'entente avec la Turquie : les Kurdes d'Anatolie ont vocation à être expulsés vers le grand Kurdistan irakien. Le Hezbollah est désarmé, l'Iran et la Syrie obtenant en échange l'implantation d'armes nucléaires russes sur leur sol, ce qui garantit leur sécurité. La petite guerre soudano-égyptienne s'achève sans vainqueur clair.

Sur le papier, Israël a gagné toutes ses guerres. En réalité, sa situation est tragique. Sa supériorité ne tient qu'à sa capacité à contrôler les classes dirigeantes étatsuniennes. Il a semé une haine inexpiable contre lui, à la fois au Proche-Orient, où Perses, Turcs et Arabes ne communient que dans sa détestation, et dans le reste du monde, où beaucoup de gens ont acquis la conviction qu'il est responsable du stupéfiant recul des libertés civiques en Amérique. C'est un vainqueur assiégé, qui finira tôt ou tard par s'effondrer.

Les événements américains provoquent une profonde stupeur en Europe. Même si dans l'ensemble, les Européens n'aimaient pas Trump, son incarcération sans jugement les plonge dans l'angoisse. Le Président des États-Unis est théoriquement la personne la plus puissante du monde. Son sort démontre que n'importe qui peut être traité au mépris du droit.

Dans un tel contexte, que ferait Macron ?

Contrairement à ce qu'on pourrait croire, l'auteur de ce texte n'a rien contre Macron en tant que personne. En fait, c'est le contraire : le nouveau Président ne nous fait pas honte. Il n'a pas l'attitude d'un agité (Sarkozy), et ses discours ne ressemblent pas à de mauvaises rédactions de troisième (Hollande).

Le problème, ce n'est pas Macron. C'est le système derrière lui.

Macron a été propulsé à l'Élysée par et pour un consortium de milliardaires israéliens et français. Sa carrière a décollé à la banque Rothschild. Il est en contact avec les dirigeants allemands depuis plusieurs années. Il n'est pas certain qu'il soit l'homme des réseaux atlantistes. Il y a plusieurs influences derrière lui.

Mais si tous les réseaux oligarchiques s'unifient brutalement dans une réflexe collectif de survie, le très soumis Macron, premier de la classe parfait, ne désobéira pas. Il appliquera le consensus oligarchique avec la brutalité d'un bureaucrate habitué à la banalité du mal.

Dans la foulée de l'attentat de Washington, plusieurs pays européens renforcent leur législation antiterroriste. Les députés du Parti Socialiste votent avec la République en Marche. Les Républicains non constructifs s'abstiennent.

Les députés du Front National et de France Insoumise votent contre. Après les bombardements massifs d'Israël au Sud-Liban, Mélenchon est assigné à résidence et interdit d'Internet : ayant qualifié l'agression israélienne de scandale planétaire, il est taxé de « soutien au djihad terroriste ». Marine Le Pen est internée en hôpital psychiatrique comme « conspirationniste » : elle a déclaré que « l'arrestation d'Alex Jones est le signe que les États-Unis ont cessé d'être une démocratie. » Wauquiez démissionne de la direction des Républicains. Pécresse le remplace à contre-cœur.

Les putschs européens de 2020 sont semi-légaux. À la différence des États-Unis, il n'y a pas de suspension officielle de la Constitution. C'est par une évolution des législations antiterroristes que les libertés civiques sont détruites.

Même si en théorie aucun parti n'est interdit, en pratique, la vie politique française se concentre dans un triangle Valls – Macron – Pécresse. Toute manifestation donnant lieu à violence est assimilée au terrorisme, même quand la violence ne vient pas des manifestants. Comme les services de police n'hésitent pas à faire dégénérer les manifestations en infiltrant des agents provocateurs, il devient impossible de manifester. Toute grève avec piquet est considérée comme terroriste. Comme les patrons n'hésitent pas à organiser des faux piquets, il n'y plus de grèves. Tout discours susceptible d'inciter à la violence est considéré comme terroriste. Comme la justice considère que l'incitation à la violence commence avec la critique, il devient impossible de critiquer. À partir de fin 2020, l'ordre règne en Occident.

Une nouvelle dictature s'établit alors que le système financier international achève de s'effondrer. Les classes dirigeantes européennes se rallient à un modèle de gouvernance brejnévien. Les conditions économiques rappellent l'URSS de Brejnev.

Après le krach d'octobre 2018, un dispositif de *bail in* généralisé a été mis en place. La Banque Centrale Européenne a rallié le consensus d'Aspen : retour brutal aux fondamentaux de la rigueur monétaire. En quelques mois, l'épargne des Français a été divisée par deux. Il y a officiellement 5 millions de chômeurs, en réalité plus de 10 millions. Leur indemnisation a été revue à la baisse. La réforme du Code du Travail opérée en 2017 a facilité des millions de licenciements économiques déguisés.

Guerre au Proche-Orient, désordres en Afrique subsaharienne : des millions de migrants ont pénétré en Europe. L'insécurité est omniprésente sur la quasi-totalité du territoire. Pour y mettre un terme, les autorités ont organisé des milices de quartier. Dans les zones à dominantes musulmanes, elles sont formées à partir des réseaux des Frères Musulmans.

Pécresse proteste contre la constitution de ces milices ethniques. Accusée de vouloir justifier le terrorisme néo-nazi, elle est assignée à résidence. Copé hérite de sa fonction. Le bon côté des choses : à ce point du désastre, Wauquiez n'a plus besoin de faire semblant d'être de droite, ni Pécresse de faire semblant de ne pas l'être.

Mutatis mutandis, les mêmes mécanismes se déroulent partout en Europe. En Italie, le gouvernement de centre-gauche poursuit une trajectoire parallèle à celle de Macron. En Espagne, l'armée a *de facto* pris le pouvoir après des affrontements dans les rues de Barcelone. Un régime étrange se met en place, combinant nostalgies franquistes et discours européiste ultralibéral.

En Allemagne, la crise a été très violente suite à l'implosion des exportations. La loi fondamentale a été amendée. Le régime qui se met en place ressemble à une version capitaliste de la défunte RDA. La nouvelle dictature est habile. Beaucoup de citoyens de la République Fédérale ne se rendent pas compte de la vraie nature des événements. Pour eux, après le drame de Washington et le déferlement migratoire, il s'agit simplement de protéger la population.

Dans les petits pays de l'Europe continentale, la régression démocratique est moindre. Ces sociétés sont de tailles plus humaines. Le pouvoir n'a pas besoin d'installer un appareil de contraintes lourd. En Belgique, la Flandre et la Wallonie se sont séparées. L'implosion financière généralisée permet en effet de solder d'un seul coup le problème de la dette belge.

La Grèce est un cas particulier : la droite d'affaires s'est alliée à l'extrême droite. L'idéologie qui s'installe à Athènes est en paroles totalement incompatible avec celle de la République française. Mais les deux États entretiennent plutôt de bonnes relations. En pratique, de toute façon, du point de vue d'un banquier, le fascisme, c'est un taux de rendement à 15 %. Ce point étant acquis, la logique-système des classes dirigeantes européennes peut parfaitement s'accommoder des contorsions idéologiques les plus hallucinantes.

La démocratie étant supprimée, le maintien de la zone euro ne pose plus de problème majeur. Les ajustements financiers sont opérés dans tous les pays de la zone par confiscation pure et simple des propriétés, via le plus souvent des moyens insidieux et indirects. En France par exemple, l'État est maintenant copropriétaire de toutes les propriétés immobilières. Il perçoit donc une redevance de copropriété. Attali publie « Nomadisme créatif », un livre dans lequel il justifie brillamment cette mesure.

En 2019, le nombre de manifestations en France est quatre fois plus élevé qu'en 2018. En 2020, il revient à son niveau de 2018. En 2021, il est à nouveau divisé par quatre. En 2022, il n'y a plus de manifestations. En 2019-2020, de nombreuses émeutes ont perturbé l'activité économique dans les grandes agglomérations. En 2021, il n'y en a presque plus. Les milices de quartier font régner l'ordre.

Dans ce scénario, les autorités retrouvent une très grande marge de manœuvre. Elles ont éliminé toute forme de contestation. Elles ont purgé le système financier en ruinant les classes moyennes. La structure de la société est transformée : en haut, 1 % de maîtres riches et protégés. En bas, 80 % de précaires, survivant au jour le jour, incapables de s'organiser. Entre les deux, une petite classe moyenne productive, maintenue dans la terreur du déclassement social. Dès les années 1990, le géopoliticien Zbigniew Brzezinski annonçait l'instauration de ce modèle. En 2022, c'est fait.

Fin 2020, le budget total de l'armée française passe sous la quote-part française dans le financement de l'Eurocorps, officiellement subordonné à l'OTAN. Lorsqu'en 2021, des troubles violents secouent l'Italie du Sud, ce n'est pas l'armée italienne qui intervient. La répression fait plusieurs milliers de morts. Les commandos anti-partisans ont été formés par l'OTAN avec des anciens combattants ukrainiens du Donbass, ou avec des milices musulmanes recrutées en Albanie et en Bosnie.

Dans ce contexte, les élections 2022 sont une formalité pour le pouvoir. Il n'y a que trois candidats : Valls représente la Nouvelle Gauche Européenne, Macron est le candidat de l'Europe en Marche et Copé représente les Républicains Européens. Les programmes des trois candidats se ressemblent beaucoup. Valls est plus offensif sur les questions de société, avec en particulier la légalisation de l'euthanasie active sans consultation de la famille. Copé détone avec ses propositions concernant la désislamisation des milices de quartier. Il n'y a aucune différence sur le plan économique.

Macron l'emporte. Son comportement a parfois été étrange pendant la campagne. Des rumeurs invérifiables prétendent qu'il est drogué. La France est devenue une dictature, mais la véritable identité du dictateur reste inconnue.

Bon, ce scénario est un peu caricatural. Dans la réalité, le pire n'arrive pas systématiquement. Et l'évolution est trop rapide.

Ce type de dérive est possible à horizon 2030, à la rigueur 2025, mais pas 2020. En outre, l'instrumentalisation de l'antiterrorisme est trop grossière : là, tout de même, ça se verrait. Les gens sont naïfs, mais pas à ce point-là.

Quoique...

SCÉNARIO 4

✓✓✓✓

« LE PRINTEMPS ITALIEN »

Pour construire ce scénario, nous allons combiner les scénarios de l'euro 2.0 et de la grande spoliation. Cette fois, à chaque moment crucial, le meilleur arrive. Voyons où ça nous mène.

Les classes dirigeantes étatsuniennes n'ont pas trouvé de compromis entre la Maison Blanche et Wall Street. La conférence d'Aspen se tient en février 2018. La politique américaine est erratique. La Banque Centrale Européenne éprouve de grandes difficultés à se coordonner avec la FED. Le système financier de l'Euroland est fragilisé.

En Italie, le M5S est boosté par ces incohérences économiques. Il arrive en tête aux élections législatives. Malgré les ajustements baroques de la loi électorale, il dispose d'une majorité pour gouverner.

Pendant la campagne, son discours a oscillé entre souverainisme débridé et européisme de raison. Mais finalement, la voie souverainiste s'est imposée. La société italienne a franchi en 2018 le cap que la société française n'avait pas dépassé en 2017. La crise provoquée par l'euro atteint le stade critique.

En Italie, les politiciens se comportent depuis des décennies comme des clowns tristes. Un parti fondé par un clown joyeux va se comporter sérieusement. Au mois de mai 2018 commence le printemps italien. Le M5S applique son programme. Paraphrasant Groucho Marx, Beppe Grillo déclare : « J'ai des principes, mais s'ils ne vous conviennent pas... eh bien j'en changerai pas quand même. »

En juin, l'Italie annonce son retrait de l'OTAN et demande le retrait des armes nucléaires américaines présentes sur son sol. Rome adresse publiquement un mémorandum à Bruxelles. L'Union Européenne doit dénoncer le traité Europe-Canada et suspendre *sine die* le processus devant conduire au traité transatlantique. Elle lèvera toutes les sanctions contre la Russie et soutiendra la constitution d'un véritable État palestinien souverain. En échange, l'Italie acceptera de participer à une refonte en profondeur de la zone euro. Sinon, un référendum sur la sortie de l'euro sera organisé en septembre 2018.

Dans le courant du mois de juin 2018, l'Eurogroupe se réunit en l'absence du ministre italien, excusé par ses pairs. Les pays d'Europe du Nord témoignent d'un curieux soulagement. Avec une grande franchise, le ministre finlandais résume leur opinion en une phrase percutante : « Que les Italiens estiment ne pas pouvoir fonctionner avec une monnaie finlandaise ne nous choque pas, puisque nous ne voulons pas fonctionner avec une monnaie italienne. » Le ministre des Finances allemand est plus ambigu. Il est coincé entre une Bundesbank dont l'avis recoupe assez bien celui du ministre finlandais, et un gouvernement allemand persuadé que le maintien de l'OTAN est indispensable à la sécurité de la République Fédérale.

L'Eurogroupe décide de ne pas décider. Pour sauver la face, un communiqué appelle le gouvernement italien à maintenir les opérations de vente d'actifs publics programmées par le précédent gouvernement. En réponse, Rome annonce une vague de nationalisations. Le président de la Commission Européenne, le luxembourgeois Juncker, tente de négocier avec le président du Conseil italien, Di Maio. La réponse de l'Italien fait rire toute l'Europe : « Va cuver et fous-nous la paix ! »

La spéculation se déchaîne contre les dettes des pays méditerranéens de la zone euro. La Banque Centrale Européenne est mise sous pression par une Réserve Fédérale qui milite pour un resserrement monétaire coordonné entre les deux rives de l'Atlantique. Elle n'a pas de marge de manœuvre. Les taux italiens s'envolent. Paradoxalement, c'est plutôt une bonne nouvelle pour l'Italie : cela rend son maintien dans la zone euro si improbable que tout le monde se résigne au retour de la Lire.

À la fin du mois de juillet, pour la première fois, les sondages donnent l'*Italexit* gagnant au référendum. Fin août, les deux tiers des Italiens se déclarent favorables à la sortie de l'euro.

La Banque d'Italie commence à émettre des lires provisoires. L'agonie de l'euro entre dans sa phase terminale.

Les événements italiens, à ce stade, ne présentent pas du tout le caractère dramatique du scénario Euro 2.0. Si les choses tournent si différemment, c'est en grande partie parce que dans le scénario du printemps italien, les États-Unis sont paralysés par leur crise politique interne au moment précis où l'Italie se rebelle contre la tutelle de l'Union Européenne.

La paralysie de Washington provoque celle des réseaux atlantistes en Europe, et cela au moment précis où l'Italie déclare vouloir sortir de l'OTAN. D'où une étrange absence de réaction de la part de cette dernière institution.

Ouvrons les yeux. Même si l'Union Européenne paraît fonder la structure de domination qui enserre les nations européennes, ce n'est qu'apparences. En profondeur, c'est l'emprise étatsunienne qui explique l'incapacité des États européens à reconquérir leur souveraineté. Pendant le printemps italien, cette emprise se relâche.

Une autre raison du climat étonnamment détendu qui règne en Italie, c'est que le gouvernement du M5S associe des représentants de la Ligue du Nord. Le pacte de non-agression conclu avec la mouvance fasciste joue également un rôle dans la stabilisation du pays.

Durant tout l'été 2018, le gouvernement italien reste en contact avec les envoyés de la *City of London*. La finance britannique est très présente en Italie. Dans l'ensemble, Londres voit dans les événements italiens une formidable opportunité pour reprendre la main en Europe, face à Paris et Berlin. L'accès de l'Italie aux marchés des capitaux est donc facilité.

Fin août 2018, une conférence anglo-italienne se tient à Cortina d'Ampezzo. La discussion se déroule en confiance, entre gens qui se connaissent de longue date. On opte pour un défaut de 50 % sur la dette publique. Parmi les personnalités extérieures invitées se trouvent le Français Philippot, présent à la suggestion de Farrage, le leader eurosceptique britannique. À titre exploratoire, un taux de défaut cible est défini pour la dette française, dans l'hypothèse où, après des élections anticipées en France, Paris suivrait Rome.

En septembre 2018, le référendum sur la sortie de l'euro se solde par un résultat sans appel : la majorité des Italiens approuve le projet. Le lendemain, le Parlement italien vote la loi de conversion des dettes publiques et privées en lires italiennes.

Entretemps, aux États-Unis, la crise kurde a provoqué une rupture définitive entre Trump et le lobby pro-Israël. Très fragilisé, le Président américain tient un discours plutôt conciliant sur la crise italienne, appelant Rome à rester « dans le camp de la liberté ». Mais les États-Unis n'ont pas dit leur dernier mot. *Cosa Nostra* est hostile au nouveau pouvoir italien. La CIA lui suggère de soutenir l'indépendantisme sicilien. Message reçu.

24 octobre 2018 : 1929[2]. Conjonction de la crise de la dette italienne et de l'effondrement boursier américain : *reset* de toute

la finance mondiale. Comme toujours en pareil cas, il y a des gagnants et des perdants.

Les grands perdants sont les acteurs qui n'ont été associés ni au consensus d'Aspen, ni au consensus de Cortina d'Ampezzo. Plusieurs banques françaises et allemandes s'en tirent mal. La Deutsche Bank est en faillite. BNP-Commerzbank est mise sous tutelle par la Banque Centrale Européenne. Les retraits bancaires sont limités dans plusieurs enseignes françaises. Le *bail in* est probable pour les clients de la BNP. Concert de casseroles devant le siège social.

Les grands gagnants sont les acteurs qui ont été associés à la fois aux deux consensus. Il s'agit principalement de la *City of London*, un pied de chaque côté de l'Atlantique. Les deux krachs, européen et américain, sont l'occasion d'une concentration massive du pouvoir financier. Vaincue dans l'économie réelle, la Grande-Bretagne est triomphante sur la planète financière. Victorieuse dans l'économie réelle, l'Allemagne est ruinée.

La réunion de l'Eurogroupe de novembre 2018 est annulée à la demande du ministre des Finances allemand. À Berlin, l'ambiance est indescriptible. Les banquiers allemands ne sont ni stupides, ni mal renseignés. Par leurs alliés suisses, ils savent que la *City of London* vient en toute simplicité d'autoriser les Italiens, et dans la foulée les Espagnols, à les escroquer d'environ 1 000 milliards d'euros.

Fin novembre, une conférence est organisée à Kitzbühel entre les principaux dirigeants de la Banque Centrale Européenne, de la Banque de France, de la Bundesbank et d'une dizaine de grandes banques allemandes et françaises. Les Allemands sont sobres et clairs : ils considèrent que la *City of London* vient de leur déclarer la guerre. Ils demandent à leurs alliés français de les soutenir dans cette épreuve.

Les Français sont embarrassés. Paris est marié économiquement à Berlin, mais militairement à Londres. Et puis qui sait comment les choses vont tourner aux États-Unis ? Les classes dirigeantes françaises ne savent pas auprès de quelle tendance étatsunienne elles doivent chercher une ligne directrice.

Macron a un informateur à Kitzbühel. C'est un vieux monsieur discret, haut cadre de la Banque de France et par ailleurs ancien de la Banque Rothschild, comme le Président français. Ils sont en contact via un téléphone sécurisé fourni par le ministère de la Défense.

Pour Macron et ses conseillers, ce qui se passe à Kitzbühel est très problématique. Le Président français a axé toute sa communication sur la relance du projet européen, depuis l'annonce de sa candidature en 2016. Or, ce projet explose en plein vol.

Mais les conseillers de Macron lui font aussi observer que la situation ouvre aussi des opportunités intéressantes…

Vu le contexte géopolitique, les Allemands se souviennent soudainement qu'ils n'ont pas d'armes de destruction massive. Des navires de guerre russes viennent d'entrer en Méditerranée occidentale. Rome annonce être en pourparlers pour l'acquisition de systèmes de défense anti-aérienne S400. Moscou confirme accepter un paiement en lires italiennes. Les bases de l'OTAN sont assiégées pacifiquement par les militants du M5S. Les armes nucléaires américaines sont transférées en Sicile, région en route vers l'indépendance. Les Anglo-Saxons et les Russes se percutent en Italie, comme en 1945.

En somme, la France reste l'État le plus solide de l'Europe occidentale, malgré sa déliquescence économique. Elle n'est pas confrontée à des séparatismes problématiques, comme la Grande-Bretagne, l'Italie et l'Espagne. La Corse ? Une petite île. Paris n'a pas non plus le problème que devient pour Berlin son industrie exportatrice, une fois la mondialisation libre-échangiste remise en cause par la montée des protectionnismes. Soudain, la petite France retrouve une liberté de mouvement depuis longtemps perdue.

Macron appelle Philippe à l'Élysée. Il est trois heures du matin, mais le Premier ministre a l'habitude des horaires du chef de l'État. Les deux hommes restent enfermés jusqu'à l'aube dans le bureau du Président. Le lendemain, Macron annonce la dissolution de l'Assemblée Nationale. Discours classique : vu la gravité de la crise, bla-bla, renouveler la légitimité populaire, bla-bla, rester en fonction, garant de la continuité institutionnelle, bla-bla, désigner le Premier ministre le mieux à même de réunir la majorité du nouveau Parlement, bla-bla, fermez le ban.

Après son allocution, Macron discute longuement avec ses conseillers. Tous espèrent un gouvernement de coalition associant les Républicains, même non constructifs. Attali paraphrase le défunt président Johnson : « Mieux vaut qu'ils soient dans la tente en train de pisser dehors plutôt que le contraire. »

Personne autour du Président n'imagine ce qui va arriver quelques semaines plus tard. Personne n'a de contact régulier avec la France profonde, et cela depuis des années. Les gens réunis ce soir-là vivent sur une autre planète que les Français.

Dans les heures qui suivent l'annonce de la dissolution de l'Assemblée Nationale, une page Facebook est créée par un groupe d'étudiants niçois. Clair et Net se présente comme un « même politique en forme d'opération commando ». L'objectif : donner naissance à un mouvement politique sans aucun politicien professionnel. La ligne générale est effectivement « claire et nette » : c'est un copier-coller du programme que le M5S applique en Italie.

Le mouvement décolle vite. Avant même que la DGSI ait fait remonter une note sur le phénomène, il y a une section par circonscription. En moins d'une semaine, plus de 500 000 personnes adhèrent par Internet. Les fondateurs sidérés se retrouvent à la tête d'un mouvement de masse capable de déstabiliser la politique française. Les services français s'épuisent à démontrer une ingérence italienne ou britannique. En vain.

Clair et Net se constitue en parti politique. Le premier congrès a lieu sur Internet. Les statuts indiquent que le programme de l'organisation n'est pas susceptible d'être modifié avant les élections. Qu'en cas de victoire électorale, il devra être appliqué le plus vite possible. Et que le mouvement s'auto-dissoudra une fois le programme appliqué.

La suite est surréaliste. Clair et Net arrive au moment précis où l'opinion française est saisie d'une convulsion d'une brutalité et d'une soudaineté inouïe. Très vite, les politologues tirent le signal d'alarme. Le phénomène correspond à une vague de fond. Ce n'est pas une simple mode sur Internet.

Sur TF1, un sociologue perspicace explique l'effet Clair et Net : « C'est le basculement de la classe moyenne et des personnes âgées qui change tout. Jusqu'à une date récente, la politique française était verrouillée par les électeurs attachés à l'euro. En quelques semaines, il s'est avéré que la monnaie européenne ne protégeait pas contre la spoliation des comptes bancaires. Et on s'aperçoit que l'Italie peut en sortir. Du coup, le troisième âge français se met à voter comme le troisième âge britannique, qui a fait le Brexit. La classe moyenne française rejoint la classe moyenne italienne. Ce n'est plus l'euro qui est perçu comme protecteur, mais la souveraineté nationale. Clair et Net arrive au bon moment. Le mouvement ne compte aucun politicien professionnel, mais ça ne lui nuit pas, au contraire. La classe politique est totalement discréditée. Populistes inclus. Les gens veulent du neuf, Clair et Net est sur le marché : l'offre rencontre la demande. La dynamique est très puissante. Elle happe l'électorat de France Insoumise, du Front National, des Patriotes, et l'amalgame à un nouvel électorat populiste en expansion. C'est à la fois une vague de fond et un vortex. C'est le basculement de l'opinion le plus soudain qu'on ait jamais observé, de mémoire de politologue. »

Le soir du premier tour des élections législatives, Clair et Net vire en tête. Seuls les Républicains parviennent à sauver une représentation importante, en partie protégés de l'effet Clair et Net par la sociologie de leur électorat. France Insoumise perd la moitié de ses suffrages de 2017, alors que la participation a été très élevée. Les Patriotes de Florian Philippot ont préféré jeter l'éponge avant l'élection : ils ont été absorbés de facto par Clair et Net. La République en Marche est balayée. Le Parti Socialiste a cessé d'exister en dehors des beaux quartiers des métropoles. Le Front National continue à exister dans les zones où il repose sur un électorat principalement motivé par les questions identitaires.

Macron reste en fonction. Étrange cohabitation entre un Premier ministre issu de Clair et Net et une parfaite caricature d'inspecteur des finances. Partage des rôles : au Premier ministre la politique intérieure, au Président la politique étrangère.

Le Premier ministre souhaite s'entourer de gens capables de faire fonctionner la machine d'État. Sans adhérer à Clair et Net, Dupont-Aignan et Philippot entrent au gouvernement. Pas Asselineau, qui espérait être Premier ministre.

La question est de savoir si Macron acceptera d'appliquer un programme opposé à celui pour lequel il a été élu. Nous admettrons ici que oui, sachant qu'il s'arrangera évidemment pour déformer ce programme dans un sens favorable aux grands intérêts financiers.

La période ouverte par les crises de l'automne 2018 est très dure. Implosion des marchés d'actifs, chômage, des millions de retraités ruinés. Les sociétés européennes appauvries font face à leur vieillissement. Elles sont confrontées à un Sud instable, potentiellement agressif.

De réels motifs d'optimisme existent pourtant dans cette nouvelle Europe. On observe un grand dynamisme dans des sociétés qui, soudain, sortent de leur routine. Quelque chose d'étonnant se produit, de Lisbonne à Varsovie, de Londres à Athènes : les peuples reprennent en main leur destin. Et ça change tout.

Dix ans plus tard, la Confédération Européenne fait ratifier sa Constitution par des référendums simultanés dans les dix-sept États membres.

SCÉNARIO 5

✓✓✓✓✓

« MOURIR POUR RIGA »

Dans ce scénario, il n'y a ni krach américain, ni crise italienne. Mais un cygne noir géopolitique conduit à une confrontation directe entre superpuissances.

Nous allons tester l'impact en France d'un début d'affrontement entre l'OTAN et la Russie à la suite d'une crise en Europe de l'Est.

Nous admettrons que :

- *La crise est déclenchée par une suite de maladresses dues à la baisse du niveau de réflexion des classes dirigeantes ;*
- *N'ayant pas de cause géopolitique profonde, elle ne conduit pas à un affrontement généralisé et prolongé. Ce sera un très gros incident de frontière, survenant dans le Sud de la Lituanie.*

Jusqu'en 2020, tout se passe exactement comme dans le scénario de la mort douce. Les classes dirigeantes américaines parviennent à dégager un consensus interne. La Réserve Fédérale accompagne Trump, dont la politique est un demi-succès. Elle offre un ballon d'oxygène à l'Amérique industrielle, au prix d'une nouvelle dégradation des comptes publics.

Trump renverse Maduro au Venezuela. Il dénonce l'accord sur le nucléaire iranien et perturbe le retour de Téhéran sur le marché des hydrocarbures. Il bénéficie de l'abstention de la Russie, plutôt contente de voir le prix du brut remonter. Au Proche-Orient, la guerre de Syrie prend fin, mais la guerre du Yémen continue. Les États-Unis ont garanti la sécurité d'Israël mais la Russie a empêché le démantèlement de la Syrie. En Afrique, un conflit régional de basse intensité éclate autour de la question des eaux du Nil.

En France, il ne se passe pas grand-chose. Sur le plan économique, le gouvernement tire profit d'une relative embellie européenne en 2018 et 2019. Emmanuel Macron conduit en toute quiétude son projet de dilution de la France dans l'Union Européenne. Fusions Siemens - Alstom et BNP - Commerzbank. Transfert d'une partie des compétences de l'état-major français à un Eurocorps renforcé. Tout se déroule comme prévu par les sponsors financiers et les inspirateurs idéologiques du Président.

Fin 2019, le retournement conjoncturel n'est pas très violent. La zone euro reste dysfonctionnelle, mais elle n'explose pas. Aux États-Unis, malgré son demi-échec économique, le Président sortant a des chances de l'emporter.

C'est alors que trois événements se produisent, qui vont changer fondamentalement la donne et faire dévier l'Histoire sur une trajectoire assez différente du scénario de la mort douce.

Le premier de ces événements, c'est la formidable campagne électorale du candidat Démocrate aux États-Unis. Ce n'est pas Elisabeth Warren : c'est Mark Zuckerberg, le fondateur de Facebook. Plus jeune, plus sympathique que Trump, il remporte l'élection présidentielle grâce à un nouveau marketing politique fondé sur le *big data*.

Le deuxième événement, c'est un accident d'hélicoptère en Sibérie.

En 2018, Poutine a été réélu Président de la Fédération de Russie. Score un peu moins élevé que prévu. Le soutien des oligarques est désormais compté. En cause : des erreurs sur le plan économique.

Après les élections de 2018, Medvedev cesse d'être président du Conseil des ministres (l'équivalent d'un Premier ministre). Lui succède Sergueï Sakharnikov, un jeune technocrate issu de l'état-major de la société pétrolière Rosneft. La rumeur veut que ce parfait inconnu ait été imposé à Poutine par un groupe d'oligarques mécontents de ses choix économiques. La réalité est plus complexe : Poutine a choisi Sakharnikov parce qu'il voulait conserver le soutien du patron de Rosneft, Setchine. Sakharnikov est un médiocre, Poutine pense qu'il ne sera pas dangereux.

En septembre 2020, après la visite d'une usine près de Tobolsk, Poutine périt dans un accident d'hélicoptère. Le Premier ministre

Sakharnikov est nommé Président par intérim. S'ensuit une lutte d'influence très brutale d'abord au sein des organes de sécurité, puis entre factions oligarchiques du capitalisme d'État moscovite. À l'issue d'une campagne électorale où seuls des comparses ont été autorisés à se présenter contre le candidat de l'État profond, Sakharnikov est élu Président de la Fédération de Russie.

C'est donc un jeune technocrate sans grande expérience politique qui se retrouve par hasard à la tête de la plus grande puissance militaire du monde après les États-Unis. L'homme n'a pas été préparé pour le rôle qu'il doit tenir. Circonstance aggravante : Setchine meurt d'un infarctus. Sakharnikov se retrouve seul à la tête de la Russie.

Dans un premier temps, le monde de Zuckerberg et Sakharnikov n'est pas très différent de celui de Trump et Poutine. La conférence de Mont-Tremblant se tient à l'hiver 2021. Elle débouche sur un consensus. Les krachs nécessaires pour purger le système financier international sont repoussés à plus tard.

Zuckerberg n'a pas de doctrine en politique étrangère. Mais c'est un individu d'une agressivité exceptionnelle. Sous ses dehors de *geek* égaré dans le monde réel, il s'est révélé à la tête de Facebook un manager dénué d'empathie. Son secrétaire de la Défense est Robert Kagan, un idéologue pour qui les démocraties doivent affronter les autocraties chinoises, russes et iraniennes.

Lorsque les tensions montent entre le Kurdistan irakien et l'Iran, Kagan persuade Zuckerberg de prendre position très fermement en faveur des Kurdes. L'objectif est d'aligner les USA derrière la position israélienne. Mais Erdogan se souvient très bien du coup d'État manqué de 2016. Il est persuadé que les États-Unis veulent entraîner la Turquie dans le chaos. En juin 2021, la Turquie se retire de l'OTAN.

Officiellement, l'OTAN est dirigée par le Conseil de l'Atlantique Nord. C'est une alliance entre nations. Mais ce conseil est divisé. En réalité, si l'OTAN n'était pas depuis 1950 une organisation militaire intégrée, il est probable qu'elle aurait depuis longtemps cessé d'exister. L'OTAN est une fausse alliance et une vraie puissance militaire.

La structure organisationnelle de l'OTAN illustre bien son ambiguïté. Le Conseil de l'Atlantique Nord est présidé par un secrétaire général. C'est l'interface du conseil avec le comité militaire. Ce dernier est dominé par l'état-major du commandant suprême des forces alliées en Europe (*Supreme Allied Commandeur Europe*, ou SACEUR – l'OTAN adore les sigles). Tous les SACEUR ont été issus des forces armées américaines.

Quand la Turquie annonce qu'elle se retire de l'OTAN, le SACEUR est le général d'aviation Ripper. C'est une figure médiatique. Il est connu du grand public pour ses prises de position en faveur de l'intégration des personnes transgenre dans les forces armées.

Quand les Turcs quittent l'Organisation, Ripper partage le sentiment général à Bruxelles-OTAN : il y a un risque de voir l'alliance se défaire. Les Hongrois parlent de manœuvres communes avec les Russes ! Les Français et les Allemands ont refusé que l'Eurocorps soit directement placé sous le commandement du SACEUR. Cet embryon de commandement franco-allemand concurrence l'OTAN comme future armée de l'Europe unifiée. Bien sûr, à ce stade, les États-Unis verrouillent leurs alliés, mais demain ?

Lorsqu'en août 2021, Kagan vient prendre la température à Bruxelles, le SACEUR ne lui cache pas qu'il redoute un affaiblissement de l'alliance. Il fait un grand numéro au conseiller du Président à propos de l'exercice ZAPAD[3]-2021, que l'armée russe organise conjointement avec l'armée biélorusse en septembre. Il évoque la participation de 100 000 hommes, avec des unités chinoises, turques et iraniennes. Ripper rappelle aussi les tensions croissantes entre Pologne et Lituanie autour du triangle de Suwalki. La population locale semble travaillée par des agents d'influence moscovites. Pour Ripper, le jeu du Kremlin est clair. Il s'agit de préparer une attaque des pays Baltes. Il faut que l'OTAN se renforce dans cette zone.

Kagan n'est pas dupe. Il a ses propres renseignements : environ 20 000 hommes vont participer à ZAPAD-2021. Mais le conseiller du Président comprend très bien où le SACEUR veut en venir. Il s'engage à proposer au Président Zuckerberg l'envoi de plusieurs divisions US en Europe, dont une au moins sera déployée dans les États Baltes.

3 Ouest en russe

Dans cette affaire, chacun poursuit ses propres objectifs.

Le général Ripper veut pousser les Russes à renforcer leurs troupes face aux États Baltes pour entretenir la paranoïa des Baltes et des Polonais. Il espère ainsi les amener à réclamer un nouveau renforcement de l'OTAN. Au bout du compte, le pivot vers l'Asie sera retardé, voire annulé, et la pérennité de l'OTAN garantie.

Kagan, lui, espère qu'en faisant monter le niveau de tension avecla Russie, il poussera le Président Zuckerberg à une politique plus dure au Proche-Orient, contre la Syrie.

Les plans des deux hommes sont légèrement tirés par les cheveux. Mais ils sont désemparés. Leur monde commence à se défaire sous leurs yeux. Faire quelque chose les rassure.

Zuckerberg accède à la requête de son secrétaire de la Défense, contre l'avis du chef d'état-major des armées des États-Unis. Le déploiement des troupes américaines s'effectue dans les jours qui suivent. Officiellement, c'est une réponse à ZAPAD-2021. Réponse à cette réponse, l'armée russe se renforce sur les frontières occidentales de la Fédération. L'OTAN renforce à son tour le *Battlegroup Poland*. Escalade.

Conférence de presse au siège de l'OTAN. Le SACEUR déclare, d'une voix posée : « Les troupes récemment déployées ont pour objectif de garder le passage de Suwalki ouvert en toutes circonstances. Au besoin, elles neutraliseront les capacités d'interdiction aérienne de l'agresseur par une opération terrestre dirigée contre ses bases. »

Les propos du SACEUR sont pour le moins ambigus. Ripper a besoin d'une crise plus sérieuse pour resserrer les rangs de l'alliance. Son objectif ultime : pouvoir déployer les troupes françaises et allemandes sans passer par leurs états-majors nationaux. Une fois ses évolutions organisationnelles obtenues, il sera toujours temps d'entamer un processus de désescalade.

À partir de là, deux problèmes vont surgir. Le problème numéro un, c'est que le Président de la Fédération de Russie est un bureaucrate inexpérimenté. Le problème numéro deux, c'est que le Président des États-Unis est un *geek* sociopathe.

À Moscou, le Premier ministre, le chef d'état-major et le ministre des Affaires étrangères confèrent avec le Président Sakharnikov. Essayons d'imaginer la discussion.

Le chef d'état-major est formel, il faut exiger une clarification de la part de l'OTAN : « C'est une menace directe, monsieur le Président. Nous ne pouvons pas laisser passer ça. » Le ministre des Affaires étrangères est un disciple de Sergueï Lavrov. Il appuie le chef d'état-major, mais précise : « Deux choses sont essentielles : d'abord, vous, monsieur le Président, ne devez pas vous engager personnellement. Il faut envoyer ou un militaire, ou un diplomate. Vous serez ainsi en deuxième ligne pour récolter la gloire si nous obligeons les Américains à reculer, ou pour apaiser les débats et apparaître comme le sauveur de la paix, si nous devons nous-mêmes battre en retraite. Ensuite, monsieur le Président, il est crucial de ne pas créer une situation où nos partenaires occidentaux seraient obligés de choisir entre la guerre et perdre la face. »

Le Président Sakharnikov s'insurge : « Je n'ai pas auprès des Russes l'aura dont jouissait Vladimir Vladimirovitch. Je veux construire cette aura. Je pense qu'intervenir dans cette crise, montrer au peuple que je suis le rempart qui protège sa paix, est souhaitable. » Le ministre des Affaires étrangères insiste : « Monsieur le Président, comprenons bien ensemble ce qui est en train de se passer. Les Américains ne veulent pas réellement nous attaquer. Ils ne sont pas bêtes à ce point-là. S'ils devaient nous attaquer, ils ne s'y prendraient pas comme ça. Ils veulent deux choses : d'abord, ils espèrent nous obliger à annuler ZAPAD-2021, pour que nos alliés doutent de notre détermination. Ensuite, ils veulent que nous fassions très peur à leurs alliés, pour que ceux-ci se regroupent derrière eux sans murmures. Ils testent. Mais ce qu'ils testent, ce n'est pas nous ! Ce qu'ils testent, c'est la France et l'Allemagne. Avec le protectionnisme mis en place par le Président Trump, les relations se sont beaucoup détériorées entre les Américains et les Allemands. Les Français et les Espagnols suivent les Allemands. Tous ces pays participent à l'Eurocorps. Je pense que l'OTAN veut faire acter la subordination de l'Eurocorps. »

Le Président s'étonne : « Ce n'est pas le cas ? » Le chef d'état-major explique : « Oui et non. En fait, ça n'a jamais été très clair. L'Eurocorps est certifié OTAN, mais on ne sait pas très bien dans quelle mesure il est vraiment supposé lui obéir. Comme beaucoup de choses en Europe, c'est ambigu pour laisser place à l'interprétation. »

Le Président hoche la tête. Il a lui-même constaté qu'il n'est pas facile de trouver un interlocuteur en Europe. Le diplomate reprend : « Les Américains préciseront leur pensée de manière rassurante, mais seulement après un certain délai, le temps d'obtenir les résultats qu'ils poursuivent à l'intérieur de leur sphère d'influence. »

Le Président ne veut pas donner complètement raison au diplomate, dont il se méfie. Il se tourne vers le Premier ministre : « Vous allez prendre la parole sur cette question, pour être mon premier rideau. Vous allez déclarer que vous ne comprenez pas où les Américains veulent en venir. Vous allez dire qu'ils devraient sanctionner le général qui a tenu ces propos incendiaires. »

Le Premier ministre est surpris. En principe, c'est au ministre des Affaires étrangères de servir de premier rideau. Mais dans le système russe, quand le Président a parlé, la question est réglée. Le diplomate lui-même se tient coi, bien qu'il bouillonne intérieurement.

Les déclarations du Premier ministre russe constituent une grave erreur. D'abord, elles placent les Américains dans la situation exacte où le diplomate ne voulait pas les placer : ils doivent choisir entre la guerre et l'humiliation. Ensuite et surtout, venant du Premier ministre et non du ministre des Affaires étrangères, elles peuvent amener le Président des États-Unis à répondre lui-même, créant une situation où il n'y a plus de deuxième rideau pour gérer la désescalade.

Avec un Président américain à la hauteur de sa fonction, les choses ne dégénéreraient pas davantage. Mais le problème, c'est que le Président des États-Unis est Mark Zuckerberg –

le Président qu'il faut à une nation d'ados attardés. Conférence de presse à la Maison Blanche : « Ce n'est pas au Kremlin de me dire quel général doit commander nos armées. Si les Russes attaquent les pays Baltes, nous défendrons nos alliés, et ça chauffera à Kaliningrad. Le message est simple : Ivan, ne déconne-pas avec mon armée ! »

Le lendemain, le Président russe profite d'une visite à Minsk pour répondre à son homologue américain : « Je dis au Président des États-Unis que toute attaque dirigée contre le territoire de la Fédération de Russie entraînera une riposte nucléaire immédiate, conformément à la doctrine fixée par mon prédécesseur. »

Dans les jours qui suivent, la tension monte. Les journaux télévisés sont remplis de chars en Lituanie ou en Pologne surgissant au détour des routes et des chemins, d'avions de chasse survolant en rase-motte la campagne lettonne, etc. Des manifestations pro- et anti-Russie éclatent dans les pays Baltes. Dans *Le Monde* du 5 octobre paraît une tribune cosignée par des intellectuels européens demandant au Président Macron de sortir de sa réserve. *Le Figaro* du 7 octobre 2021 publie la réponse d'un collectif d'intellectuels franco-allemands pacifistes. Titre : « Mourir pour Riga ».

Une semaine après l'échange d'amabilités entre les deux agités qui servent de chefs d'État aux plus grandes puissances militaires du monde, le Conseil de l'Atlantique Nord se réunit à Bruxelles. Le représentant français sort de la réunion en état de choc. Le secrétaire général de l'organisation a peint un tableau apocalyptique. À l'entendre, la Troisième Guerre mondiale peut éclater à tout moment. Puis il a demandé à tous les États membres de placer immédiatement leurs unités mobiles sous le commandement direct du SACEUR. Celui-ci devra pouvoir utiliser ces forces sans en référer préalablement aux gouvernements des États concernés.

Le secrétaire général transmet à chaque membre du conseil la liste des unités qui doivent être mises à disposition sans délais. Toutes les unités blindées mécanisées françaises présentes sur le sol européen sont concernées. Le porte-avions Charles-De-Gaulle et les forces nucléaires ne sont pas mentionnées.

À la sortie de la réunion, le représentant de la France à Bruxelles-OTAN transmet l'information à Paris. Elle remonte rapidement au Président Macron. Celui-ci confère avec les principaux dirigeants européens. Ni Berlin, ni Madrid, ne sont prêts à ce stade à accéder à la requête de l'OTAN. Berlin craint d'être entraîné dans un conflit direct avec la Russie. Madrid se méfie des États-Unis depuis que le rôle de la CIA dans l'indépendantisme catalan a été mis en lumière. Londres est d'accord avec l'OTAN. Rome est ambigu.

Question délicate : que ferait Macron dans ce cas de figure ? Il est obligé de choisir entre l'Europe continentale et le monde anglo-saxon. Qu'est-ce qu'il décide ? Et d'abord : comment il décide ? Avec qui ? Bon, il demande leur avis aux militaires. Mais lesquels ?

À ce stade, personne ne peut répondre à ces questions. Même pas Macron, probablement. Admettons ici, à titre d'exercice, qu'il choisit de suivre Berlin. Visiblement, c'est sa ligne générale.

Le Président français fait répondre par l'ambassadeur à Bruxelles-OTAN que la République française n'accepte pas les termes du mémorandum transmis par l'état-major de l'OTAN. Ses engagements dans le cadre de l'Eurocorps sont de toute façon incompatibles avec cette demande, compte tenu de la position allemande.

Le général Ripper a échoué. Il voulait mettre les Européens au pied du mur pour les obliger à reconnaître que l'Eurocorps était subordonné à l'OTAN. Sa démarche aboutit au résultat inverse : les Européens ont choisi de ne pas s'incliner devant l'OTAN.

Dans les pays Baltes, les propos incendiaires des dirigeants russes et américains suscitent une grande inquiétude. Des incidents éclatent à Riga entre russophones et Lettons. Les Lettons ont une peur panique du retour des Russes. Le général Ripper a joué avec les allumettes, et maintenant, Riga brûle.

Ces événements obligent le Président russe à une action déterminée et spectaculaire. Comme il est hors de question de lancer une attaque militaire directe contre la Lettonie, il décide de combiner une protestation officielle et une démonstration de force. Il ordonne des patrouilles d'appareils russes à la limite de l'espace aérien letton.

Deux jours plus tard, à la suite d'une méprise, un chasseur russe est abattu par un appareil américain. Conformément à leurs instructions, les pilotes russes ripostent. L'engagement se solde par la destruction de 3 avions russes et 2 appareils américains.

C'est la première fois depuis la guerre de Corée que pilotes russes et américains s'affrontent directement. La nouvelle filtre rapidement. Dans la soirée, les Présidents Zuckerberg et Sakharnikov ont leur premier entretien direct depuis le début de la crise. C'est Zuckerberg qui en a pris l'initiative, sur les conseils du chef d'état-major des forces armées des États-Unis.

Bien qu'il affecte un certain dédain, Sakharnikov est soulagé par l'initiative de Zuckerberg. Les deux hommes conviennent de présenter l'incident aérien comme accidentel. Une structure de coordination est créée pour éviter de nouveaux incidents. La désescalade commence. Elle sera très rapide et facile, car la crise n'a pas de causes profondes.

SCÉNARIO 6

✓✓✓✓✓✓

« LE DÉRAPAGE INCONTRÔLÉ »

Notre monde est totalement intégré. Des enchaînements de causalités impossibles à anticiper peuvent répercuter une onde de choc d'un bout à l'autre de la structure globale.

Pour la beauté de l'exercice, nous allons le vérifier avec un petit jeu. Nous allons imaginer une configuration presque identique à celle du scénario euro 2.0. La seule différence, c'est une guerre en Corée. Cette guerre va modifier complètement l'issue de la crise de l'euro.

Dans un premier temps, tout se passe comme dans le scénario de l'euro 2.0. Les classes dirigeantes étatsuniennes trouvent un compromis entre la Maison Blanche et Wall Street. Les taux restent bas, malgré l'envolée du déficit budgétaire américain. La Banque Centrale Européenne se coordonne efficacement avec la FED. Elle pilote une remontée des taux *a priori* très prudente.

Puis tout est remis en cause par les élections italiennes de début 2018. Le pays n'arrive pas à se donner un gouvernement. Quand il s'avère que les comptes publics de l'Italie ont été truqués, le système bancaire transalpin implose. La zone euro vacille. Son marché interbancaire se bloque. La reprise européenne est cassée net. Le ton monte entre Berlin et Londres, dont les banques attaquent la monnaie européenne.

La crise italienne précipite le retournement conjoncturel. Dès fin 2018, l'Europe est en récession. À l'hiver 2019 se tient la conférence de Mont-Tremblant. Elle se conclut sur la nécessité d'organiser une succession de krachs afin de purger le système mondial. Les modalités du processus font l'objet de vifs débats. Britanniques et Allemands s'opposent. La France soutient la position allemande : la création de l'euro 2.0. Les Britanniques espéraient décrocher France et Allemagne : ils échouent. L'Italie est mise sous tutelle par l'Eurogroupe.

Le marasme mondial provoque une chute des prix des matières premières. De l'Afrique déstabilisée affluent de nouvelles masses de migrants. En Libye, les Turcs usent de leur influence pour faciliter le *rush* migratoire vers l'Europe.

Dans ce contexte surviennent les événements qui vont nous faire sortir du scénario Euro 2.0. Des événements *a priori* sans aucun lien avec l'explosion de la zone euro.

La guerre est un phénomène en soi. Elle n'est pas que « la continuation de la politique par d'autres moyens ». Elle possède une dynamique qui lui est propre : la montée aux extrêmes. Toute l'histoire est là pour le montrer. Ici, le hasard va faire que cette dynamique s'emballe. Une cascade d'événements totalement imprévisibles va en résulter.

La crise de Corée commence comme dans les scénarios étudiés précédemment. À partir de fin 2019 et sur fond de campagne électorale US, Trump et Kim Jong-Un font un concours de déclarations explosives. Des armes nucléaires américaines sont pré-positionnées en Corée du Sud.

Mais un petit détail va tout changer. Kim Jong-Un est atteint d'un cancer incurable. Il bascule dans la paranoïa. Son entourage est incapable de le maîtriser. Pour s'offrir une ultime satisfaction avant de tirer sa révérence, il ordonne un exercice « comme si l'ennemi devait attaquer ».

Les Américains détectent les préparatifs nord-coréens. Ils passent en *Watchcon 2*, le plus haut niveau d'alerte avant la guerre. Le 7 janvier 2020, c'est le drame. La CIA a fourni des informations erronées sur les capacités nord-coréennes. Se méprenant sur les intentions de Pyongyang, persuadé que la destruction de ses forces est imminente, le commandement américain déclenche une frappe anti-capacités combinant armes conventionnelles et armes nucléaires tactiques.

La Corée du Nord ne dispose pas en 2020 des capacités requises pour opérer une frappe stratégique intercontinentale avant la neutralisation de ses moyens par la frappe anti-capacités américaine. Il n'y a donc pas de contre-frappe stratégique. Mais un bombardement conventionnel formidable s'abat sur Séoul et les cibles militaires à portée de l'artillerie nord-coréenne. Les Américains déplorent des centaines de tués, les Sud-Coréens des milliers.

La République Populaire de Chine se propose pour une médiation. Après consultation de son allié sud-coréen, Trump accepte. Les combats cessent rapidement. À Pyongyang, Kim Jung-Un se retire au profit de sa sœur. Le pays est mis sous tutelle par Pékin.

La Russie se range derrière la Chine. Poutine en profite pour renégocier à son avantage le partenariat économique Moscou - Pékin. L'Inde, quatrième puissance militaire mondiale, adopte une posture attentiste. La Corée du Sud et le Japon intensifient leur dialogue avec la Chine.

Les événements de Corée modifient les équilibres politiques à Washington. Trump jouit d'une forte cote de popularité. Mais dans les hautes sphères, le consensus général est que ses provocations ont failli conduire le monde à la catastrophe. Les États-Unis sont temporairement paralysés.

Les vassaux européens se sentent plus libres de leurs mouvements. L'Allemagne, dont les intérêts commerciaux sont désormais aussi puissants en Chine qu'aux États-Unis, se rapproche à nouveau de la Russie, au grand dam des milieux atlantistes.

Téhéran n'a toujours pas digéré la remise en cause de l'accord de Vienne. Les Iraniens décident de passer à l'offensive. Ils accentuent leur soutien à la rébellion au Yémen.

Le secteur est stratégique pour Pékin. Les conflits du Yémen et de l'eau du Nil n'intéressent guère la Chine. Mais le golfe d'Aden est sur la route maritime qui conduit au canal de Suez, dont Pékin vient de financer le doublement. Le débouché de la mer Rouge sur l'océan Indien doit absolument être sécurisé. Téhéran obtient le soutien chinois. Le porte-avions *Liaoning* est envoyé sur zone. Sa présence intimide les Saoudiens. La tension monte dans le golfe Persique. À la demande des États-Unis et pour garantir solidement la sécurité de Ryad, Israël fournit à l'Arabie Saoudite des armes nucléaires de faible puissance, tout en verrouillant leur utilisation.

L'Iran et le sultanat d'Oman signent un pacte de protection mutuelle. Des Gardiens de la Révolution se déploient dans le sultanat, tout près de la frontière saoudienne. Le Qatar, qui avait rejoint le camp saoudien en 2018 sous la pression des États-Unis, fait une nouvelle fois volte-face. Il se rapproche de Téhéran.

Sur ces entrefaites, le conflit des eaux du Nil s'étend à l'Érythrée et l'Éthiopie. L'instabilité de la zone contamine Djibouti, où coexistent à présent des bases françaises, américaines et chinoises, ainsi qu'un faible contingent allemand. Londres accepte de renforcer Paris dans la zone. Un état-major commun est déployé dans le secteur du golfe d'Aden. Objectif officiel : sécuriser le détroit de Bab-el-Mandeb. Objectif officieux : pré-positionner des forces dans la région, à la charnière entre la guerre du Nil, le chaos yéménite et une possible troisième guerre du Golfe.

Le gouvernement britannique nourrit des arrière-pensées. Les Anglais ont noté le réchauffement des relations entre Berlin et Moscou. Ils font le calcul qu'en renforçant leur alliance militaire avec Paris, ils peuvent peut-être éloigner la France de l'Allemagne.

Ce calcul s'avère correct quand, à la suite d'une succession de manœuvres mal calculées, l'Arabie Saoudite se brouille avec l'Égypte. Celle-ci bascule dans le camp russo-chinois. Soutenu par Pékin, Le Caire transforme la guerre du Nil en conflit de moyenne intensité. L'armée égyptienne est puissante, elle menace Khartoum rapidement.

Quand l'armée égyptienne approche de Khartoum, les Européens, inquiets de l'agressivité iranienne à l'égard de l'Arabie Saoudite, décident d'adresser un message à l'axe russo-chinois : jusqu'ici peut-être, mais pas plus loin. Omar el-Béchir est renversé. Le Soudan redevient fréquentable, bien qu'il soit dirigé désormais par un fanatique wahhabite pire qu'el-Béchir. Les Français et les Britanniques déploient une force d'interposition conjointe entre la capitale soudanaise et l'armée égyptienne. Si l'Égypte va plus loin, elle entre en guerre contre deux puissances nucléaires.

Al-Sissi évite de répéter les erreurs de Nasser : l'armée égyptienne stoppe. Moscou et Pékin sont tout à fait satisfaits de cette issue. À présent, l'Arabie Saoudite et Israël sont les seuls États pro-occidentaux importants au Proche et Moyen-Orient. Après la Turquie, l'Égypte a rejoint l'axe eurasiatique. L'Inde, prenant note de la situation créée par la victoire sino-russe, resserre ses liens avec la Chine. Les États-Unis ont perdu une manche à cause de leur erreur en Corée.

Pendant que dans le grand jeu mondial, les Anglo-Saxons reculent, dans le petit jeu européen, les Britanniques gagnent. À Djibouti se trouve un petit contingent allemand. Les Français demandent à Berlin de l'engager dans le cadre de la force d'interposition conjointe au Soudan. Berlin refuse.

La deuxième guerre de Corée a eu un grand retentissement en Allemagne. Le SPD, ragaillardi par sa cure d'opposition, est revenu dans la coalition de gouvernement. Sa faction russophile a clairement le vent en poupe. De son côté, l'AfD milite de plus en plus clairement pour une rupture avec l'Ouest, considéré comme une nouvelle civilisation métisse, extra-européenne, potentiellement dangereuse pour la « vraie » Allemagne. Sa progression dans l'opinion affole les caciques de la CDU-CSU.

La dynamique germano-russe prend une ampleur inattendue quand le groupe de Visegrád s'ouvre à l'Autriche. La Pologne entame un processus de réconciliation historique avec la Russie. Un basculement silencieux mais décisif se produit alors en Europe de l'Est. Le groupe de Visegrád, toléré par les Américains pour séparer Europe de l'Ouest et de l'Est, se transforme en pont entre Berlin et Moscou. L'ex-mouton noir hongrois Viktor Orban fait à présent figure de précurseur.

Débat récurrent des géopoliticiens américains et britanniques depuis des décennies : faut-il laisser la France et l'Allemagne fusionner pour les neutraliser en les insérant dans des structures communes, pilotées en sous-main par les Anglo-Saxons ? Ou faut-il au contraire les disjoindre, de crainte qu'unies, elles ne s'émancipent de leur suzerain américain ?

Jusque-là, les Anglo-Saxons ont choisi de soutenir la construction européenne pour la détourner. Mais l'abstention de Berlin au Soudan change la donne. Washington redoute que l'Allemagne entraîne la France vers l'alliance eurasiatique en cours de constitution. Mieux vaut donc laisser l'euro exploser, pour verrouiller Paris et affaiblir Berlin. Les Américains se rallient à la proposition britannique de Mont-Tremblant : l'euro ne doit pas être refondé.

Bien sûr, l'affaire soudanaise n'est que la goutte d'eau qui fait déborder le vase. En profondeur, ce sont des mouvements beaucoup plus lourds, beaucoup plus lents, qui ont préparé le craquement de l'axe franco-allemand. Le développement des liens économiques et énergétiques entre Berlin et Moscou a joué un grand rôle, malgré tous les efforts des Anglo-Saxons pour l'entraver.

Lorsque la crise italienne atteint son paroxysme, début 2021, le tandem franco-allemand est donc désuni. Suite à une négociation tripartite associant Washington, Londres et Paris, Macron conclut un accord avec Zuckerberg, qui vient d'être élu. L'euro va disparaître. Le franc reconstitué sera appuyé sur le dollar. Les USA, toujours fragilisés par l'écho de la deuxième guerre de Corée, s'engagent à soutenir Paris dans sa zone d'influence en Afrique du Nord et en Afrique occidentale. Ils se montreront conciliants concernant plusieurs groupes français en délicatesse avec la justice américaine. La Tunisie regagne l'orbite française. Paris est intégré au réseau des cinq-yeux – qui deviennent six.

Les Français font traîner les discussions avec leurs partenaires au sein de l'Euroland. Les Allemands comprennent vite que

Paris s'éloigne. Eux-mêmes sont en train de se tourner vers de nouveaux horizons. Le divorce se déroule sans animosité de part et d'autre. La France se souvient qu'elle est un pays atlantique. L'Allemagne s'autorise à redevenir un pays continental. Enterrement de l'Europe politique. Pas grand-monde derrière le corbillard.

Lorsque la crise italienne atteint le point de rupture, un accord est conclu entre pays membres de la zone euro. Chaque pays revient à sa monnaie nationale. Les soldes *Target 2* sont convertis en dettes à long terme. Un certain niveau de défaut est autorisé aux pays fragiles. Il est négocié entre le pool des pays créditeurs, Allemagne en tête, et celui des pays débiteurs, Italie en tête.

SCÉNARIO 7

« LA DÉCOUVERTE DE L'EUROPE »

Dans ce scénario, il n'y a pas de confrontation directe entre grandes puissances. La guerre qui frappe l'Europe est d'une autre nature : à la suite d'une crise économique mondiale aggravée par un cataclysme climatique, de gigantesques flux migratoires remontent du monde arabe et de l'Afrique subsaharienne.

Pour tout ce qui tient au contexte économique, ce scénario est dans un premier temps identique à celui de la grande spoliation.

Jerome Powell est à la tête de la Réserve Fédérale. Après la conférence d'Aspen, il tente de stabiliser Wall Street pour laisser sa chance à la relance industrielle de Trump. Mais Netanyahou décide de jouer son va-tout. Lorsque Turcs et Iraniens interviennent militairement en Irak du Nord pour démanteler le Kurdistan, ils placent Trump devant un dilemme. Trump choisit de ne pas suivre Netanyahou. Cette décision lui vaut l'inimitié du lobby pro-Israël. Une partie du complexe militaro-industriel rejoint les banques de Wall Street dans leur opposition au Président. Le 24 octobre 2018, le Dow Jones est divisé par deux en une séance. 1929[2].

Pendant ce temps, en Europe, l'Italie s'est dotée d'un gouvernement de centre-gauche. Le marché interbancaire européen s'est ranimé. Les soldes *Target 2* dérivent moins vite. Le contexte économique reste porteur au premier semestre 2018. Le plan d'infrastructures chinois et la bonne santé de l'économie indienne remplissent les carnets de commande des industries exportatrices.

À partir du deuxième semestre 2018, le contrechoc des événements étatsuniens déstabilise la zone euro. Au premier semestre 2019, le commerce international diminue de moitié. La production industrielle s'écroule. Les prix des matières premières industrielles et des hydrocarbures suivent. Dans les pays pauvres dépendants du secteur minier, les comptes des États passent dans le rouge. Si une difficulté économique majeure survient, les puissances publiques seront incapables de prendre des mesures contra-cycliques.

*

Or, l'année 2019 est aussi celle du grand désordre climatique. Ampleur sans précédent du courant océanique chaud el-Niño. Des pluies torrentielles noient une grande partie de l'Amérique latine.

Contrecoup sur le climat mondial. La route des cyclones est modifiée dans le Pacifique. Le Japon est touché par un typhon d'une violence sans précédent. Nouveau désastre à Fukushima : de l'eau radioactive est rejetée en mer. Grâce aux mesures de décontamination prises depuis huit ans, l'impact est limité. Mais le Pacifique est traversé par un courant pollué : conséquences sur l'industrie de la pêche.

Le dérèglement climatique s'étend à l'Asie du Sud-Est. Le régime des pluies est fortement perturbé. En Insulinde et dans le sous-continent indien, les récoltes 2019 sont catastrophiques. Des affrontements interethniques violents éclatent dans le bassin du Cauvery. L'instabilité renforce la guérilla naxalite. La tension monte entre Islamabad et New Delhi.

L'été 2019 est le plus sec et le plus chaud de l'Histoire dans l'hémisphère Nord. Au deuxième semestre 2019, les stocks mondiaux de céréales plongent à toute vitesse. L'humanité va refaire connaissance avec le grand régulateur de sa démographie : la famine.

La Russie interdit l'exportation de céréales, bientôt imitée par la plupart des pays producteurs. Dans les premiers mois de 2020, au fur et à mesure que la panique monte dans les pays non autosuffisants, la planète s'embrase au sud d'une ligne courant le long du Rio Grande, traversant l'Atlantique jusqu'à la Méditerranée, pour filer par le Caucase, l'Himalaya et le Gobi vers le fleuve Amour et finalement le Pacifique.

Dans les pays non autosuffisants qui disposent de ressources financières importantes, aucune mesure de restriction n'est imposée. En Chine, quelques émeutes sans lendemains. Des pays proches du seuil d'autosuffisance, mais très affectés par l'anomalie climatique ou dépourvus de ressources financières, peuvent connaître des phénomènes de disette. C'est ce qui se produit par exemple en Bolivie et au Mexique. Le Venezuela bascule dans la guerre civile. Les troubles s'étendent à la Colombie et au Nord du Brésil. L'Inde connaît une forte poussée de mortalité. Ce Sud-là s'en sort à peu près. Il souffre, mais il n'implose pas.

L'autre Sud recouvre schématiquement le monde arabo-musulman et un vaste triangle Mauritanie-Somalie-Congo. Dans cette zone, la conjonction du manque de ressources financières, de la faible autosuffisance alimentaire et de la grande sécheresse 2019 provoque une grande famine. De multiples conflits régionaux éclatent tout au long de l'année 2020. La guerre du Nil vire au conflit de haute intensité. L'Afrique du Nord est balayée par une révolte incontrôlable à caractère semi-anarchisant, semi-djihadiste. Les généraux algériens s'entendent avec le roi du Maroc pour conduire une répression coordonnée d'une férocité extrême. Le Tchad et la Centre-Afrique basculent dans une anarchie complète. L'armée française perd le contrôle de la bande sahélienne. Les pertes humaines se chiffrent en millions de morts.

Plus tard, presque tous les États du monde arabo-musulman sombrent corps et âme. C'est le cas en particulier de l'Égypte, peu après sa victoire à la Pyrrhus contre le Soudan. Au Maroc, la monarchie ne contrôle plus qu'une fraction du territoire. En Algérie, une révolte kabyle spontanée se combine avec une tentative de révolution islamique pour faire glisser le pays vers le chaos. La Tunisie est contaminée par le chaos libyen.

C'est l'effondrement économique. En 2020, le PIB français est 20 % plus bas qu'en 2018. L'Italie, déjà sinistrée avant ces événements, est revenue à peu près à son PIB en volume de 1970. L'industrie exportatrice allemande implose.

La démocratie américaine se meurt, et un régime autoritaire se met en place. En 2020, bénéficiant maintenant de l'appui américain, Israël n'hésite plus à utiliser des armes de destruction massive pour contrôler la situation à ses frontières et bien au-delà.

*

Dans ce contexte survient le grand *rush* migratoire de 2021.

C'est la répétition du déferlement de 2015. Mais l'ordre de grandeur n'est plus le même : ce ne sont plus deux millions de migrants qui convergent vers l'Europe, mais des dizaines de millions. Visions infernales : des hordes faméliques en immenses colonnes à travers les terres brûlées par la sécheresse, des armadas d'embarcations de fortune sur la mer Égée, le bruit des mitrailleuses espagnoles et les hurlements des foules sans armes qui submergent les défenses de Ceuta et Melilla par leur seul nombre.

Quatre grandes routes d'invasion. Depuis la Turquie vers la Grèce arrivent les migrants fuyant la famine d'un Proche et Moyen-Orient à feu et à sang. Escortés jusqu'aux îles grecques par la marine turque, ils sont rejoints en cours de route par des masses venues d'un sous-continent indien dont l'essor économique a été brisé net. Depuis la Libye arrivent les migrants venus de l'Afrique centrale et orientale, ainsi que de l'Égypte affamée. Ceux-là tentent leur chance sur des embarcations surchargées, vers l'Italie du Sud où ils retrouvent un troisième flot : les Nord-Africains qui ont choisi de passer par la Tunisie. Enfin, les migrants venus du Maroc et d'Afrique occidentale abordent les plages espagnoles à proximité de Gibraltar.

En 2015, le choc migratoire avait été voulu par les classes dirigeantes occidentales. En 2021, la situation est tout à fait différente. Les classes dirigeantes subissent les événements.

Les conséquences politiques sont donc différentes. Cette fois, l'ordre politique européen craque. L'Italie se donne un gouvernement d'union nationale. Une garde nationale d'urgence est instituée. Quand le Pape appelle à la solidarité avec les migrants, personne n'y prête la moindre attention.

Un peu partout en Europe, des affrontements très violents éclatent entre extrême gauche et extrême droite. Les milices antifas trouvent des alliés objectifs dans les milieux djihadistes. Les groupes d'extrême droite reçoivent l'appui de miliciens venus d'Europe de l'Est et même de Russie. En Grèce, d'ex-paramilitaires russes du Donbass se retrouvent du même côté de la barricade que des nationalistes ukrainiens. Dans le camp d'en face, des militants anarchistes formés au Rojava combattent aux côtés d'anciens djihadistes de Daesh. Certains groupes criminels profitent du chaos pour étendre et sécuriser leurs sanctuaires. À Marseille, à Naples, et dans une Barcelone divisée entre indépendantistes catalans et nationalistes espagnols, la situation échappe au contrôle des autorités. La Méditerranée occidentale glisse vers le chaos.

La majorité de la population française est complètement surprise par des événements qui lui auraient paru impensables ne serait-ce qu'un an plus tôt. Peu de gens ont conscience de la baisse régulière des stocks de céréales par habitant. Encore moins nombreux sont les individus informés du rôle d'incubateur joués par les conflits du Donbass et de Syrie pour les milices d'extrême droite ou d'extrême gauche.

Dans un tel contexte, Macron et ses conseillers seraient obligés de réorganiser complètement leur agenda. Voici un scénario possible, parmi beaucoup d'autres...

Les Frères Musulmans ont perdu le contrôle de la mouvance djihadiste internationale. Dans l'invraisemblable chaos nord-africain et moyen-oriental, celle-ci est passée sous la coupe de mouvements incontrôlés.

En Espagne, un régime militaire s'installe. En Italie, le gouvernement d'union nationale intègre les fascistes. En France, Macron dissout l'Assemblée nationale au printemps 2021. L'union entre l'aile droite des Républicains et le Front National dirigé par Marion Maréchal-Le Pen l'emporte largement. Wauquiez Premier ministre. En Allemagne, sous pression de la CSU, Merkel démissionne. L'AfD est intégrée au nouveau gouvernement de coalition. L'Autrice adhère au groupe de Visegrád.

En Grèce, la situation se complique d'un conflit militaire ouvert avec la Turquie. L'armée turque envahit la Thrace occidentale. Le gouvernement d'Athènes invoque l'article 5 de l'OTAN.

La Turquie, toujours formellement membre de la même organisation, répond en invoquant à son tour cet article. Dans plusieurs pays européens, les diasporas turques entretiennent une guérilla de moyenne intensité. Méthode de prédilection : l'assassinat politique. En France, Devedjian, Copé, Philippot.

Paris, Berlin, Londres et Washington s'entendent pour punir Erdogan. Avec l'aval de Moscou, ils déclenchent des frappes massives contre les bases turques de Thrace orientale. Erdogan est renversé. L'armée turque rentre dans ses frontières. Bilan : 20 000 morts. Ankara sort de L'OTAN, qui change de nature : c'est maintenant l'alliance militaire du Nord. L'intégration de la Russie devient envisageable.

Macron est toujours Président. Au départ, il s'arrange pour ne jamais échanger avec son nouveau ministre des Affaires étrangères, Nicolas Bay. Il ne parle qu'à Wauquiez.

Mais les événements de Thrace font basculer l'histoire européenne. Macron le sait. Il parle de la défense de la civilisation occidentale. Dans sa bibliothèque, Finkielkraut remplace Attali. Finalement, aux obsèques de Philippot, il serre la main à Bay.

La petite guerre turco-grecque sert de détonateur au conflit entre populations indigènes européennes et immigrés musulmans. Des centaines de milliers de Turcs quittent l'Allemagne, où les pogroms sont quotidiens. La vague de violence xénophobe qui déferle sur l'Europe est monstrueuse. Les populations d'origine extra-européennes rentrent la tête dans les épaules. Floraison de drapeaux français dans les villes de Seine-Saint-Denis.

La grande spoliation a lieu, comme dans le scénario du même nom, mais cette fois, c'est au nom de la défense de l'Europe. Le *reset* financier est donc paradoxalement facilité. Le taux de ponction sur les comptes bancaires au nom de la solidarité européenne est encore plus élevé que dans le scénario de la grande spoliation. Dès 2023, les marges des banques s'envolent.

La logique-système des classes dirigeantes accouche ainsi, tout à fait involontairement, d'une refondation de l'idée européenne. À une impossible « Europe ouverte sur le monde » succède une très réelle « Europe-forteresse ». L'Europe a enfin trouvé une définition. Une définition simple, directe, compréhensible par tous : l'Europe est le sanctuaire de l'homme blanc.

Bon, scénario très improbable. Mais instructif. Macron, ne pèserait pas bien lourd si l'histoire s'emballait. Quand on y pense, on comprend où certains acteurs d'extrême droite veulent en venir.

SCÉNARIO 8

« LA TROISÈME GUERRE MONDIALE »

Nous ne ferons qu'esquisser ce dernier scénario. D'abord parce qu'il paraît tout de même assez improbable. Ensuite parce qu'il nous ferait basculer pratiquement du jour au lendemain dans un monde entièrement différent du nôtre, pratiquement inimaginable.

Explosion de la zone euro. Krach du 24 octobre 2018. Catastrophe économique, dépression mondiale. Aux États-Unis, le *geek* sociopathe Mark Zuckerberg est devenu Président avec le soutien des pires bellicistes. En Russie, l'incompétent Sakharnikov a succédé au rusé Poutine. En Corée, Kim Jung-Un, malade, devient fou. Nouvel accident nucléaire à Fukushima. Dérèglement de la mousson. L'Union Indienne explose. En Afrique du Nord et dans une grande partie de l'Afrique subsaharienne, au Proche et Moyen-Orient : famine. Des proto-États islamiques se sont érigés un peu partout, répandant une barbarie sans limites. Le Mexique a explosé en une juxtaposition de narco-États ultraviolents. La guerre civile vénézuélienne a contaminé la Colombie et le Nord du Brésil.

L'accumulation des tensions et des crises crée un contexte ingérable. Tout effort de stabilisation sur un théâtre d'opération engendre une déstabilisation accrue sur un autre théâtre, par le jeu des intérêts et des alliances entrecroisées. Les classes dirigeantes admettent la possibilité pratique d'une nouvelle guerre mondiale. L'option est sur la table.

Il suffit d'une étincelle. Elle se produit à Kiev. Coup d'État, l'extrême droite nationaliste ukrainienne prend le pouvoir. Relance du conflit du Donbass. Le général Ripper engage l'OTAN sans demander la permission à ces idiots de Français et d'Allemands. On peut compter sur les Présidents Sakharnikov et Zuckerberg pour envenimer la crise. Jusqu'au moment fatal, quand l'armée russe franchit la frontière ukrainienne.

C'est le grand dérapage. L'OTAN accorde un soutien massif à Kiev. Confrontation directe avec l'armée russe.

La suite est une histoire d'extension de la logique de guerre aux pays Baltes, à la Syrie, à la Corée du Nord, à l'Asie centrale. Une histoire qui se joue entre un missile hypersonique russe et un porte-avions américains. Destruction de Kaliningrad. Frappe nucléaire tactique sur la région de Pskov. Le camp perdant en vient au nucléaire stratégique. Crever pour crever, autant emmener le maximum de monde.

Nous sommes dispensés d'imaginer la suite : il n'y en a pas.

Simple constat : si quelque chose dans le comportement de Macron nous persuade que ce huitième scénario fait partie de ses options, il faudra prendre l'Élysée d'assaut.

MISSION ACCOMPLIE ?

Stabilité, souplesse, réactivité : la posture qui permet de voir Macron. Posture correcte ? Au lecteur d'en juger.

Le point de vue de l'auteur : ce qui frappe dans les scénarios étudiés, c'est le contraste entre le premier et les sept autres. Tant qu'on reste sur les rails de la mondialisation, il ne peut pas se passer grand-chose. Cet avenir-là est prévisible. Mais si ça déraille, par contre, le train peut partir dans n'importe quelle direction. Y compris la pire. D'où la peur du déraillement.

La stratégie Macron, c'est de rendre cette peur insurmontable. Et la tactique, c'est de créer de la complexité. Renforcer l'intégration de tout avec tout. Dans les scénarios que nous venons d'étudier, une constante : Macron est en difficulté quand le système se désintègre. Tant que l'intégration progresse, Macron se renforce.

But de Macron : rendre le monde intégré, donc hyper-complexe. Se rendre incontournable en étant le seul capable de gérer cette hyper-complexité.

Macron, c'est le maître qui s'impose par la complexité. Ses opposants veulent compartimenter le monde pour le rendre pensable. Lui veut l'intégrer pour le rendre impensable.

Maintenant, c'est comme ça que *je le vois.*

Paris, 3 novembre 2017

TABLE DES MATIÈRES

Achevé d'imprimer en décembre 2017
dans l'Union européenne
Dépôt légal : décembre 2017